PREPARANDO SEUS FILHOS PARA A VIDA

UM GUIA PARA OS PAIS

CLÁUDIO MARTINS NOGUEIRA

Prefácio
Luís Cláudio Rodrigues Ferreira

PREPARANDO SEUS FILHOS PARA A VIDA

UM GUIA PARA OS PAIS

1ª Reimpressão

Belo Horizonte

FÓRUM SOCIAL

2022

© 2019 Fórum Social Ltda.
2022 1ª Reimpressão

É proibida a reprodução total ou parcial desta obra, por qualquer meio eletrônico, inclusive por processos xerográficos, sem autorização expressa do Editor.

Luís Cláudio Rodrigues Ferreira
Presidente e Editor

Coordenação editorial: Leonardo Eustáquio Siqueira Araújo
Aline Sobreira de Oliveira

Rua Paulo Ribeiro Bastos, 211 – Jardim Atlântico – CEP 31710-430
Belo Horizonte – Minas Gerais – Tel.: (31) 2121.4900
www.editoraforum.com.br – editoraforum@editoraforum.com.br

Técnica. Empenho. Zelo. Esses foram alguns dos cuidados aplicados na edição desta obra. No entanto, podem ocorrer erros de impressão, digitação ou mesmo restar alguma dúvida conceitual. Caso se constate algo assim, solicitamos a gentileza de nos comunicar através do *e-mail* editorial@editoraforum.com.br para que possamos esclarecer, no que couber. A sua contribuição é muito importante para mantermos a excelência editorial. A Editora Fórum agradece a sua contribuição.

Dados Internacionais de Catalogação na Publicação (CIP) de acordo com a AACR2

N778o	Nogueira, Cláudio Martins
	Preparando seus filhos para a vida: um guia para os pais / Cláudio Martins Nogueira. 1. Reimpressão. – Belo Horizonte : Fórum Social, 2019.
	128p.; 12 cm x 18 cm ISBN: 978-85-450-0666-4
	1. Psicologia. 2. Pedagogia. 3. Educação. I. Título.
	CDD 150 CDU 159.9

Elaborado por Daniela Lopes Duarte - CRB-6/3500

Informação bibliográfica deste livro, conforme a NBR 6023:2018 da Associação Brasileira de Normas Técnicas (ABNT):

NOGUEIRA, Cláudio Martins. *Preparando seus filhos para a vida*: um guia para os pais. 1. Reimpr. Belo Horizonte: Fórum Social, 2019. 128p. ISBN 978-85-450-0666-4

A todos os pais e filhos que, apesar de tantas dificuldades no seu convívio, ainda insistem em continuar vivendo em família.

Em particular, aos meus filhos Davi, Willams e Lucas, sem eles não conseguiria ser pai.

Luís Cláudio Rodrigues Ferreira
Presidente e Editor

Coordenação editorial: Leonardo Eustáquio Siqueira Araújo
Aline Sobreira de Oliveira

Rua Paulo Ribeiro Bastos, 211 – Jardim Atlântico – CEP 31710-430
Belo Horizonte – Minas Gerais – Tel.: (31) 2121.4900
www.editoraforum.com.br – editoraforum@editoraforum.com.br

Técnica. Empenho. Zelo. Esses foram alguns dos cuidados aplicados na edição desta obra. No entanto, podem ocorrer erros de impressão, digitação ou mesmo restar alguma dúvida conceitual. Caso se constate algo assim, solicitamos a gentileza de nos comunicar através do *e-mail* editorial@editoraforum. com.br para que possamos esclarecer, no que couber. A sua contribuição é muito importante para mantermos a excelência editorial. A Editora Fórum agradece a sua contribuição.

Agradecimentos

Agradeço a Deus por esta oportunidade.

Agradeço aos meus pais Olinto (*in memoriam*) e Dalila, meus grandes mestres na preparação dos seus filhos para a vida.

Ao editor Luiz Cláudio pelo apoio incondicional ao nosso trabalho.

À minha irmã Maria, pela sua ajuda financeira.

A arte de serem pais é tornar-se
dispensável na vida dos filhos.

SUMÁRIO

PREFÁCIO 15

INTRODUÇÃO 19

CAPÍTULO 1
FILHOS NA INFÂNCIA 23
1   Reciclem 23
2   Crianças executivas...24
3   A insegurança de sermos pais..25
4   O controle remoto 26
5   O controle emocional 27
6   Brincar não é brincadeira 28
7   Ser justo e não ser bom 29
8   Quem manda em quem?..30
9   O filho *bibelô*...31
10   Evitando situação *filho bibelô* 32
11   Filho *ioiô* 34
12   Evitando a situação *filho ioiô*.......................................35
13   Ser feliz para ajudar o outro a ser feliz.......................36
14   Dificuldades: mola propulsora do crescimento 37
15   Carrinhos de areia...38
16   O baú da bagunça 39
17   Exemplo: a única lição..41
18   O cuidar de si...42
19   O cuidar do outro 42
20   Aprendendo com os pássaros...43

21	A proteção que desprotege	44
22	Aprender a cooperar	45
23	*Meus* filhos	46
24	O Pirulito	47
25	Picolé ou parafuso?	48
26	O que fazer com a *pirraça*	49
27	Amar para educar	50
28	Geração Dramin	51
29	A desproteção que desprotege	53
30	Educação pela paz	54
31	Participação	55
32	Esperar o inesperado	56
33	Em busca das dificuldades	57
34	Exemplo	58
35	Divirtam com seus filhos	59

CAPÍTULO 2
FILHOS NA PRÉ-ADOLESCÊNCIA 61

1	Aprender a mandar	61
2	Como formar um delinquente	62
3	Morrer em vida	64
4	O Conjunto Gropius	65
5	Educar para o fracasso	66
6	Educar para o sucesso	67
7	Esporte neles	68
8	Mesadas inteligentes	69
9	Riscos sociais	70
10	Riscos eletrônicos	72
11	Riscos alimentares	73
12	A *coleira* do afeto	74
13	Pais e filhos não são iguais	75
14	Saindo do ninho	76
15	Escravos modernos	77
16	A arte de serem pais	79

17	Nunca desistam dos seus filhos	80
18	Deem carinho e afeto	81
19	Educação tecnológica	82
20	Educação física	83
21	A semente e o solo	84
22	O que fazer com a preguiça?	85
23	O que fazer com a desmotivação?	86
24	Herdeiro não é dono	87
25	A perda do ninho	88
26	Educação sexual	89
27	Geração flocos de neve	90
28	O ECA atrapalha?	91
29	Regras claras	92
30	Em busca da autonomia	93
31	O elefante	94
32	Qual o seu sonho?	96
33	Quatorze dicas para controlar o uso da TV	97

CAPÍTULO 3
FILHOS NA ADOLESCÊNCIA
E JUVENTUDE 99

1	Esvaziamento da angústia	99
2	Os Rodriguez	100
3	O cuidado com a ética	101
4	A melhor maneira de ajudar seus filhos	102
5	Assuma o controle?	103
6	Coloquem limites	104
7	Difícil a convivência? Procure ajuda profissional	105
8	Ouçam seus filhos	106
9	Qual é o eixo?	107
10	O foco	108
11	Desapega!	109
12	Formação moral e religiosa	110
13	Fazendo amizades	111

14	Depressão na juventude?	112
15	Trabalho ou emprego?	113
16	O trabalho em equipe	114
17	A firma	115
18	Operação *Casca de Ovo*	116
19	Devo ou não pagar as dívidas do meu filho?	117
20	Meu filho usa drogas e não quer parar. O que fazer?	119
21	E os filhos saíram de casa... E o *ninho* ficou vazio	120
22	O ninho vazio	121
23	Transtorno de ansiedade na juventude?	123
24	Ler um bom livro sobre a juventude	124
25	Administrando a realidade	125

CAPÍTULO 4
O FIM
E OS FILHOS CRESCERAM... E AGORA?.............127

PREFÁCIO

Ser Pai e ser Mãe é um ato de puro Amor e também uma loucura, pois do ponto de vista da razão talvez nada seja mais irracional. Quando carregamos aquela encomenda no colo – meu Deus, que emoção! É muito amor! Se nunca foi fácil ser pai e mãe, hoje é mais difícil e complexo ainda!

Graças a Deus temos o Cláudio Nogueira – sujeito observador, excelente psicólogo, pai e, sobretudo, grande ser humano – que escreveu este livro baseado em boa teoria e prática de quem há vinte anos junto com a sua Viviane se dedica a um grande projeto humano que é o *Criar-T Vida*. Recebam toda a nossa gratidão de leitores!

Conheci o Cláudio em meio a uma forte crise pessoal e familiar. Essa crise se revelou uma bênção disfarçada, pois também através dela resgatei e fortaleci meu papel de pai. Dela veio a certeza de que esta bela aventura se daria pela busca de cuidados com a minha pessoa para bem cuidar das minhas filhas e netos e para eles ser um bom exemplo, pelo menos eu tento isso de todo meu coração. Para esta nobre missão, a ajuda profissional humanística do Cláudio tem sido primordial para mim e acredito que com este novo livro *Preparando seus filhos para vida* milhares de pais serão beneficiados!

Com o sucesso de seu primeiro livro, pedi para o Cláudio selecionar os principais textos publicados em sua coluna, a fim de preservar o que considero um valor inestimável para nós pais e nossos tão amados filhos que são estas dicas de como evitar e superar problemas na nossa preparação para Vida Plena!

São quatro capítulos que tratam as fases da infância; pré-adolescência; adolescência e juventude; e mais um capítulo final que trazem muitos ensinamentos, tais como: a superproteção prejudica o desenvolvimento dos nossos filhos; para controlar a ansiedade dos filhos precisamos fazer o controle da nossa ansiedade; e a arte de sermos pais é nos tornar dispensáveis na vida dos filhos. Também o livro nos questiona: Quem fica com o controle remoto da família? Quem manda em quem? Picolé ou parafuso?

O livro traz várias propostas de soluções, pois não existe uma solução única e mágica. São dicas que nos orientam muito, tais como a educação para o fracasso e para o sucesso, a educação financeira através da semanada, fortalecer o lazer sadio e o esporte e o profundo respeito às escolhas dos adolescentes que têm direito às suas próprias escolhas, certas ou erradas, com o ônus de sofrer as consequências.

Vamos então partir logo para leitura destes pequenos e simples textos de grande valor que não precisam ser lidos de uma vez só e muitos menos só uma vez!

Vamos juntos vencer esta luta, saboreando as conquistas diante das dificuldades, vale muito a pena!

Vida digna para todos, sem medo de ser feliz!

Luis Cláudio Rodrigues Ferreira
Presidente e Editor
da Editora Fórum.

MENSAGEM

Ao longo de vinte e sete anos trabalhando com dependentes químicos e seus familiares, percebi que a grande maioria dos dependentes estava totalmente despreparada para a vida. Da mesma forma, os pais e demais familiares pouco sabiam do grande desafio de preparar seus filhos para a vida. Este livro visa a dar dicas importantes hoje para os pais e prevenir tanto sofrimento no futuro para os filhos e toda a família.

INTRODUÇÃO

Desde a primeira edição do jornal *Criar-T Vida*, isso já nos idos do ano de 2000, mantenho uma coluna intitulada *Preparando seus filhos para a vida*. Como o espaço era pequeno, procurava sintetizar muito conteúdo em poucas palavras. Vários textos nasceram das minhas próprias experiências de pai, muitas tiveram sua origem nas minhas observações diárias do convívio dos pais com seus filhos. Elas se aprofundaram quando tomei a decisão de voltar aos bancos da universidade para fazer o sonho da minha vida: tornar-me psicólogo. O olhar clínico ficou mais seletivo e as reflexões mais profundas. Senti a necessidade de compartilhar esse saber científico com o público em geral, mais particularmente com os pais.

Certa vez uma mãe me indagou: "com esta coluna você ajuda meus filhos a estarem mais preparados para a vida?" eu respondi com delicadeza algo que até então não tinha observado com tanta clareza: "não, a senhora não entendeu, os textos desta coluna são voltados para os pais, são eles os grandes responsáveis para preparar seus filhos para a vida. Procuro apenas ajudá-los nesta grande missão a eles destinada".

De todos os retornos que já tive sobre esses textos, sem sombra de dúvida foi a de uma senhora que me abordou quando estava saindo de uma loja. Ela me viu deixando o jornal *Criar-T Vida* neste cliente e veio atrás de mim e disse:

– Por favor, você é o Cláudio que escreve este jornal?

Eu disse que sim e ela com um brilho nos olhos me falou:

– Doutor Cláudio, que bom te conhecer, pois assim eu posso te agradecer pessoalmente por tudo que você fez pela minha família.

Sem entender nada e emocionado eu fui para perguntar o que eu tinha feito quando ela emendou:

– Quando conheci o seu jornal meus filhos ainda estavam pequenos. Estava sofrendo muito para educá-los. Deparei-me com a coluna *Preparando seus filhos para a vida* e logo senti muita coerência e muito sentido em tudo que você escrevia. Resolvi praticar todas as suas orientações e hoje posso te dizer que meus três filhos já adolescentes estão preparados para a vida.

Sem ter tempo de me recuperar da emoção daquele retorno inesperado, a minha nobre leitora completou:

– Todo mês eu venho aqui e pego cerca de quinze exemplares para levar para meus alunos do catecismo. Eles adoram e levam o exemplar do jornal para os seus pais e, é claro, com a recomendação de pedir aos seus pais em ler a abençoada coluna *Preparando seus filhos para a vida.*

Todos os lugares a que eu vou vejo erros gritantes dos nossos pais e responsáveis no processo de educação dos seus filhos. Sei que esses erros podem refletir no futuro, especialmente na adolescência e na juventude, podendo inclusive ser facilitadores para o envolvimento com o álcool e outras drogas, correndo os riscos de uma futura dependência com todas as consequências tão danosas.

Conversando com o Editor da Editora Fórum, optamos por lançar este livro para ampliar o acesso de mais pais a esses textos. É com este objetivo que este livro nasceu.

O livro foi dividido em capítulos de acordo com a fase do desenvolvimento do ser humano. Assim, no primeiro capítulo os textos são dirigidos aos pais das crianças. No segundo, aos pais dos pré-adolescentes. No terceiro capítulo o tema é o desafio de serem pais de adolescentes e jovens. Esses textos foram publicados no jornal *Criar-T Vida* mensalmente desde o ano 2000. São textos pequenos, independentes e com assuntos diversos, porém com profundidade e simplicidade, que podem contribuir para uma melhor relação entre pais e filhos, professores e alunos.

Assim como o meu livro anterior, *O outro lado da droga*, este livro também não precisa ser lido numa assentada só. A melhor maneira de lê-lo é dentro dos grupos de apoio, dentro da família entre os pais e por que não junto com os filhos. É uma ótima oportunidade de estimular o diálogo e o debate de ideias. Espero que este livro possa ajudar as famílias a serem cada vez melhores. Essa é a nossa finalidade.

CAPÍTULO 1

FILHOS NA INFÂNCIA

1 Reciclem

Raul Seixas fez muito sucesso com a música *Metamorfose Ambulante*. Na letra há uma frase muito interessante: *Eu prefiro ser esta metamorfose ambulante do que ter aquela velha opinião formada sobre tudo*. Eu costumo sempre dizer que *a única coisa que permanece é a mudança*. Ao longo da vida passamos por várias experiências, boas e ruins. Lidamos com conquistas e perdas e cada uma delas possui significados diferentes e lições específicas. Em se tratando da arte de educar os filhos, sem sombra de dúvida essa metamorfose é necessária para os pais. Em cada fase do desenvolvimento humano é preciso fazer uma reciclagem de qual é o papel dos pais.

Na fase de bebê a função dos pais é o cuidado em tempo integral. Na fase da primeira infância (02 a 06 anos), o cuidado passa a ser secundário e a questão afetiva, a atenção, o contar história e o brincar têm uma importância maior.

Na segunda infância (06 a 11 anos), a socialização fora da família começa acontecer. Os jogos de tabuleiro, o esporte coletivo, a necessidade de autoafirmação e a busca do amor do outro se torna essencial. É nesse momento que começa o deslocamento da atenção da criança dos pais para os colegas.

Na pré-adolescência (12 a 14 anos), a busca de uma identidade vai gerar o questionamento dos valores paternos. A recusa à obediência é comum nesta época e as discussões se tornam rotina.

Na adolescência (15 a 19 anos), o anseio pela independência emocional, afetiva, social e econômica em relação aos pais é enorme. O conflito se agrava se os pais não reciclarem suas opiniões e não levarem em consideração as mudanças normais do desenvolvimento humano. Portanto, reciclem papais.

2 Crianças executivas

Em uma sociedade competitiva como a nossa, a cada dia as exigências de tarefas e compromissos sociais se tornam mais comuns e cada vez mais precoces. Nossas crianças estão sendo vítimas dessa loucura em que todos de alguma maneira estão envolvidos. Pais e educadores executivos sem perceberem transferem esse estilo de vida para seus filhos. Como suas agendas estão cheias de compromissos, é preciso preencher a agenda das suas crianças. Assim, o horário para pegar o ônibus escolar, a aula de natação, o futebol, o inglês, o curso de informática e o judô não podem faltar. A criança tem tempo para tudo, menos para o mais essencial: brincar.

Brincar não é brincadeira. É no brincar que a criança se socializa, desenvolve suas habilidades motoras, sua criatividade e sua autoconfiança e autoestima. É no brincar com seus pares que ela se torna cidadã, em outras palavras, se torna gente.

Hoje as crianças não fazem o seu papagaio, não montam os seus brinquedos, não criam nada. Muitos ficam presos aos seus computadores com jogos viciantes que, além de não movimentar o corpo, ainda estragam as vistas e provoca obesidade. E o pior, os pais adoram verem seus filhos *protegidos* dos perigos do mundo. Mal sabem eles que estão contribuindo para a formação, ou melhor, com a deformação deles. Crianças violentas, antissociais, egoístas, mesquinhas, hiperativas e desinteressadas nos estudos é normalmente o resultado dessa deseducação.

Crianças executivas é um grande erro que nós cometemos. É preciso passear com nossos filhos nas praças, nos clubes, nas fazendas, nas praias, nas cachoeiras. É preciso deixar as crianças brincarem de verdade e não fecharem seus mundos nos *shoppings* e no isolamento dos jogos eletrônicos.

3 A insegurança de sermos pais

Na vida muitas das nossas escolhas passam pela razão. Pensamos muito antes de tomar uma decisão. Analisamos prós e contras e de maneira racional optamos por aquilo que melhor nos convém de acordo com os nossos interesses pessoais. Todas essas decisões são movidas em direção a uma suposta segurança.

No entanto, outras escolhas passam longe da razão e do raciocínio. Elas são movidas pela emoção, por uma ligação afetiva tão intensa que desafia a inteligência humana. Dentre várias podemos destacar a decisão de sermos pais. Sob o ponto de vista da razão nada é mais irracional do que ter filhos.

A escolha de sermos pais é um tiro no escuro. A incerteza da gravidez, o mistério do nascimento, os riscos iminentes da gestação, a insegurança de um futuro, os desafios do presente, o trabalho incessante e árduo de sermos pais. Tudo isso joga por terra a racionalidade humana. O amor fala mais alto e a fé em um Poder Superior se torna fundamental a partir desse momento.

Ter filhos então é a grande arte de conviver com a insegurança de sermos pais. Como diz o poeta Khalil Gibran: *nossos filhos não são nossos filhos, são filhos da ânsia da vida...*, ou seja, nossos filhos são filhos de Deus. Assim fica mais fácil sermos pais.

4 O controle remoto

Quem fica com o controle remoto na família? A resposta para essa pergunta vai nos indicar quem manda na família. Todos nós temos vários controles remotos dentro de casa (da TV, do DVD, do som, do ar condicionado, etc.) quando estamos assistindo a TV alguém fica com o controle.

Se forem os pais isso é um bom sinal, mas se forem os filhos algo está errado. Isso é um indicativo de que existe uma troca na hierarquia familiar, ou seja, os filhos estão no controle da família.

Esse fato pode refletir em toda a dinâmica familiar, desde a rotina doméstica até nas tarefas escolares e na disciplina. Os filhos não têm experiência suficiente para comandar a casa e muito menos aos pais. Cabe a estes dirigir os rumos dos filhos. Mostrar o caminho e dar suporte para que seus filhos possam superar os obstáculos.

Quando o controle remoto fica na mão dos filhos a família sai do controle e confusão generalizada é sintonizada. Retomar o controle é fundamental para recuperar a família. Pensem nisso meus queridos papais.

5 O controle emocional

Já diziam os antigos que o maior vitorioso é aquele que consegue vencer a si mesmo. Isso significa que nosso maior adversário está dentro de nós mesmos. Os nossos traumas, medos, frustrações e fragilidade emocional são, sem sombra de dúvida, os nossos maiores obstáculos.

Essa realidade é clara na relação dos pais com seus filhos. Como os nossos pequenos conseguem desestabilizar emocionalmente o mundo adulto. Algumas crianças e adolescentes são capazes de extrair o pior de nós mesmos. Ao demonstrar tanta fraqueza perdemos o controle da situação e, de maneira inconsciente, os nossos *inocentes* filhotes começam a manipular seus pais assumindo o controle da situação.

Dessa maneira, a melhor forma de ajudar no processo de educação dos seus filhos é ajudando os pais deles. Em vez de ficarem encaminhando a criança e o adolescente para médicos e psicólogos, os pais deveriam se envolver no tratamento visando a tratar de suas próprias mazelas e angústias. Só assim será possível ter resultados mais rápidos e eficazes.

A busca do controle emocional é fundamental para alcançar o *controle remoto* da família.

6 Brincar não é brincadeira

Segundo Piaget, a criança se desenvolve através de aquisições de novos esquemas. Através da linguagem dos adultos ela aprende a falar; através das histórias infantis ela adquire a capacidade da imaginação e criatividade; através do brincar ela desenvolve o seu corpo, sua coordenação motora, sua habilidade de conviver em grupo, sua inteligência, sua capacidade de superar desafios.

As crianças que possuem poucas oportunidades em brincar na terra, na areia, nos parques e jardins provavelmente terão uma adolescência conturbada e vários problemas emocionais na fase adulta. Para complicar ainda mais essa situação, a preocupação exagerada dos pais em proteger seus filhos da violência do mundo moderno faz com que estes incentivem o uso e, muitas vezes, o abuso da televisão por parte dos filhos e infelizmente a *babá eletrônica* geralmente está voltada para o consumo, para a violência e para a banalização do sexo. Cabe aqui uma pergunta: o que nossas crianças estão aprendendo com essa *babá*? E quanto ao valor moral, princípios éticos e religiosos? Além disso, a alimentação inadequada e a falta de exercícios físicos regulares estão também aumentando assustadoramente o número de crianças com problemas de obesidade. Uma geração inteira com o futuro comprometido.

Portanto, é muito importante para os pais criarem oportunidades para que nossas crianças possam brincar, pois, afinal, é fácil perceber que como foi dito, *brincar não é brincadeira*, é um assunto sério, responsável pela saúde dos nossos filhos.

7 Ser justo e não ser bom

De todos os dons de Deus com certeza o que mais se destaca, sem sombra de dúvida, é a justiça. O ditado popular *Deus tarda, mas não falha* fala exatamente desse dom maravilhoso do Pai Celestial. Seria uma injustiça de Deus se todas as pessoas tivessem os mesmos dons, as mesmas conquistas com esforços diferentes.

Da mesma maneira, não é justo ser uma boa mãe ou um bom pai para todos os filhos se estes são diferentes e se comportam de forma tão variada. Por exemplo, ser bom com um filho que não está levando a sério os estudos, desrespeita os pais e as pessoas mais velhas é uma atitude de injustiça para com os outros filhos responsáveis e respeitadores. Agindo dessa maneira, os pais serão péssimos pais não exercendo a grande missão de educar. Neste sentido, muitas vezes ser bom é ruim e, outras vezes, ser ruim pode ser bom. Um pai que corrige um filho com um castigo merecido sob o ponto de vista da criança imatura (e de muitos adultos bonzinhos) está sendo um péssimo pai; porém, ao longo da vida a própria criança, quando chegar à idade adulta, vai entender e até admirar este pai *ruim*.

Pais muito *amigos* dos filhos costumam cair nesta armadilha de serem bonzinhos, condescendentes e permissivos, renunciando o seu compromisso de educar e corrigir seus filhos. Escutei certa vez de um jovem de 25 anos: *eu não podia ter tido tanta liberdade como tive quando eu tinha 12 anos, eu não estava preparado para ela.*

Infelizmente, estamos assistindo a isso na chamada *educação moderna*, criando uma geração sem limites, sem respeito, agressiva e, às vezes, violenta. Não podemos cair nesse erro.

8 Quem manda em quem?

Recentemente, uma pessoa me falou sobre uma cena que lhe chamou muito sua atenção. Segundo ela, ao buscar seu filho na escola ela presenciou um *show* de uma criança de cerca de cinco anos de idade recusando a assentar no banco de trás do veículo. O pai ao volante e a mãe naquele sofrimento tentando colocar o cinto de segurança no garoto. Todos nervosos, o pai pede a sua esposa para deixar o menino vir no banco da frente e a mãe se assenta no banco de trás.

Infelizmente, é possível perceber que essa cena está ficando cada vez mais comum nos dias de hoje. As crianças com tantos direitos acham que podem mandar nos pais, nos educadores e nos adultos em geral. Os responsáveis pela educação de nossas crianças e adolescentes se escondem por trás do ECA (Estatuto da Criança e do Adolescente), argumentando que o mesmo não permite pôr limites e a formação de princípios morais básicos como o respeito aos mais velhos. Como resultado dessa educação permissiva e omissa estamos nos deparando com uma geração egoísta, autoritária, impulsiva, agressiva e às vezes violenta. O egocentrismo é tamanho que ai daqueles que não satisfazerem as necessidades dessas crianças e adolescentes.

É preciso entender que o Conselho Tutelar atua como um órgão que visa a proteger as crianças e adolescentes de abusos como a exploração sexual ou econômica, espancamentos, negligências, maus tratos em geral, etc.; em momento algum o ECA proíbe os pais ou responsáveis de educá-los. Pelo contrário, o Conselho Tutelar intervém exatamente quando isso não está ocorrendo.

Portanto, são os adultos que devem mandar nas crianças. Do contrário, estamos diante de um problema grave.

9 O filho *bibelô*

Muitos casais, ao se depararem com a experiência de serem pais, cometem um grave erro que pode comprometer todo o desenvolvimento psíquico, cognitivo e biológico do bebê e das crianças em geral. Eles costumam receber o novo membro da família como se fosse um ornamento, um novo *objeto* de decoração daquele lar e daquela família. Alguns leitores podem achar que estou delirando e achando essa afirmativa um exagero e absurda. Mas, infelizmente, é uma triste realidade.

Exemplo clássico é o famoso *furar a orelha* do recém-nascido bebê. Colocar um brinco, uma roupa combinada e da cor azul ou rosa de acordo com o gênero, pouco importando com o clima se está fazendo frio ou calor, etc.

Pior do que isso é tentar moldá-lo de acordo com os gostos e caprichos dos pais. Esse bibelô vai demorar muito conhecer o chão, o engatinhar, o colocar o dedo no buraco da tomada, afinal, ele não pode se sujar e muito menos a roupa tão bonita.

O filho bibelô espera tudo dos pais ou adultos responsáveis por eles. Mantém-se numa postura de *pidão*. Nas festas infantis, o filho bibelô fica assentado como um adulto, próximo dos pais, enquanto as outras crianças estão se esbaldando pelo salão aproveitando ao máximo aquele momento.

O filho bibelô tende a ser um garoto inseguro, medroso e com muitas dificuldades de socialização. Como consequência, ele pode se apresentar no futuro como um adolescente, um jovem ou adulto antissociável, com possíveis tendências aos vícios em geral como uma forma de ser aceito socialmente ou como uma forma de fugir de suas questões emocionais.

Portanto, pais, cuidado para não cair nesta armadilha: filho bibelô.

10 Evitando situação *filho bibelô*

No texto anterior trabalhamos o tema *filho bibelô*, situação muito comum hoje em dia em que o bebê e a criança assumem um lugar no seio da família como se fossem um ornamento, uma peça de decoração, frágil e à mostra para todos verem. Ele não pode brincar e se sujar ou mesmo enfrentar qualquer adversidades. Papai e mamãe e outros familiares estão sempre correndo para atender a todas as suas expectativas e necessidades, dificultando assim o seu desenvolvimento.

Para evitar ou superar esse problema algumas dicas são necessárias:

1 Nossos filhos não são nossos filhos. Acreditar que são é a mesma coisa que acreditar que a água é filha da torneira.

2 Devemos acreditar no potencial dos nossos filhos em superar suas próprias dificuldades.

3 Todo ser desde o seu nascimento busca incansavelmente a sua independência. Cabe aos pais e educadores facilitarem o alcance desse objetivo.

4 Deixe seu filho brincar. Isso faz parte do seu desenvolvimento físico, afetivo, social e psíquico.

5 Cuidado com aparelhos eletrônicos (TV, vídeo games, computadores, celulares, etc.). Eles podem contribuir para tirar a criança do esporte, dos estudos, do lazer e da brincadeira, podendo gerar um adolescente e um jovem obeso, antissociável e egoísta.

6 lembre-se: *a arte de serem pais é tornar-se dispensável na vida dos filhos*. Esse deveria ser o objetivo principal do processo de educação de uma criança. O dia em que os pais conseguirem isso, eles terão cumprido sua missão de pais.

7 Diante de dificuldades na educação de seus filhos, busquem o mais rápido possível ajuda com profissionais experientes.

Assim, a possibilidade de evitar ou resolver o problema *filho bibelô* se torna uma realidade e todos serão mais felizes no meio familiar.

11 Filho *ioiô*

Fato comum de se ver nos consultórios de psicologia e nas famílias modernas é o chamado filho ioiô. Casais separados ou mesmo aqueles que estão juntos costumam ficar disputando o amor e a atenção dos filhos. Tudo para eles é válido para alcançarem esse objetivo. Deixam assim em segundo plano aquilo que é mais importante para seu filho: uma boa educação.

Enquanto os pais são dominados pelo medo de perder e tomam uma postura permissiva, o filho vai crescendo acreditando que todos devem atender a seus desejos e anseios. É comum situações de barganha entre os pais e o filho. Por exemplo, o pai não concorda em dar um celular para uma criança. A mãe para *conquistar* o amor do filho vai lá e compra um aparelho de última geração. O filho, percebendo esse conflito dos pais, começa a manipulá-los para conseguir tudo o que quer.

No caso de casais separados existe ainda uma complicação maior. Na casa do pai tem normas e regras diferentes da casa da mãe. O romance familiar pode culminar naquilo que a justiça chama de alienação parental, ou seja, os pais utilizam de todos os recursos para desqualificar o antigo parceiro para conquistar o filho. O fenômeno filho ioiô fica mais evidente, ou seja, quando o filho briga com o pai ele vai morar com a mãe. Quando briga com a mãe ele vai morar com o pai. Situações delicadas que merecem ser trabalhadas com cuidado e, muitas vezes, com a ajuda de um profissional.

12 Evitando a situação *filho ioiô*

No texto anterior foi abordado o tema do surgimento do filho *ioiô*. Esta situação ocorre quando os pais, separados ou não, começam a *comprar* o filho com coisas materiais e fazem uso da manipulação para jogar o filho contra o outro genitor. Já existe até um termo no meio judiciário chamado *alienação parental* para esse fato tão comum de aparecer nos tribunais.

Os pais precisam entender que quando fazem isso estão tirando a autoridade um do outro, o filho se sente extremamente constrangido com essa situação. Como tem pouca maturidade e recursos para uma autocrítica, ele passa a acreditar que realmente os pais são tudo aquilo que eles falam um do outro.

Neste sentido, o cuidado de não desvalorizar o genitor com o filho deve ser levado a sério. Se não é possível uma boa convivência, pelo menos o respeito entre os genitores separados ou não deve ser considerado.

Outro cuidado que os pais devem tomar nessa situação é não enveredar pelo viés do consumismo, tentando suprir suas ausências com coisas materiais. Se fizerem isso, logo o filho vai perceber o jogo e irá começar a manipular os dois, gerando assim um *cidadão com níveis baixos de frustração*, egoísta e agressivo quando se deparar com os *nãos* inevitáveis da vida.

Na busca desesperada de *comprar* o filho, ambos os pais irão perdê-lo para o mundo. A falta de admiração e de respeito pelos pais vai conduzi-lo para uma vida de excessos e fracassos em todos os sentidos.

Portanto, não fale mal do (a) genitor (a) de seus filhos, eles vão lhe agradecer para o resto da vida.

13 Ser feliz para ajudar o outro a ser feliz

O primeiro sentimento que os pais têm ao se deparar com o nascimento de um filho, sem dúvida alguma, após o encantamento diante do mistério da vida é o desejo intenso de que seu filhote seja feliz.

Em busca desse objetivo os pais fazem qualquer coisa, inclusive abrir mão do seu desejo, da sua vida e da sua própria felicidade. Com o passar dos anos, os pais percebem que tanto sacrifício não foi o suficiente para fazer seus filhos felizes. Muitas vezes, ao contrário, seu suposto amor escravizou-os de tal maneira que eles se tornaram dependentes emocionais e não raras vezes dependentes químicos.

Diante dessa realidade cruel é comum os pais chegarem à conclusão de que não valeu tanta dedicação e cuidado. Seus filhos cresceram e, junto com eles, os problemas também. Cada um toma seu rumo e os dedicados pais se deparam com a casa vazia e cheia de solidão.

A depressão chega junto com os cabelos brancos. Os pais percebem que suas vidas passaram e nada fizeram para eles mesmos. Tudo fizeram pelos filhos tão queridos e amados. O que fazer agora?

Recentemente, um residente da Fazenda de Caná falou algo muito interessante após passar por um momento muito difícil com sua família:

– *Eu demorei muito para perceber que eu só posso ajudar o outro a ser feliz se eu conseguir alcançar a felicidade. Agora eu entendo que estou aqui para isso.*

Assim, pais, procurem antes de qualquer coisa ser felizes para transmitir essa felicidade aos seus amados filhos. Tudo o mais lhe será acrescentado.

14 Dificuldades: mola propulsora do crescimento

Muitos pais, preocupados com o bem-estar dos seus filhos, costumam exagerar nos cuidados e na proteção das crianças. Recentemente, estava colocando os jornais no expositor na Igreja São Paulo da Cruz quando presenciei uma cena que exemplifica esse fato. Uma jovem mãe com sua filha de cerca de dois anos estava correndo atrás de outra criança da mesma idade. A mãe desesperada gritou a famosa frase: *não corra porque você pode cair.* Ansiosa, a dedicada mãe saiu correndo atrás da filha e a pegou no colo.

A superproteção dos nossos filhos acaba prejudicando o desenvolvimento físico, emocional, social e psíquico. A criança, o adolescente e o jovem precisam aprender a enfrentar suas dificuldades, os riscos, os possíveis tombos. É através das brincadeiras, dos jogos, do esporte, do andar de bicicleta e do desafio de superar os obstáculos que eles desenvolvem suas capacidades cognitivas, motoras e a personalidade.

É comum os pais *modernos* tomarem a decisão de colocarem seus filhos diante do vídeo game ou computador acreditando que assim eles estão protegidos do perigo do mundo. Triste ilusão. Mal sabem eles que em excesso, esses supostos brinquedos modernos podem causar problemas nas vistas, no sistema nervoso, na socialização, na alfabetização, na disciplina e no crescimento físico e mental das nossas crianças. Sem contar que na maioria das vezes os conteúdos dos jogos e dos *sites* acessados são *lixos digitais*, poluindo a mente de nossas crianças e jovens.

Portanto, cabe aos pais construírem este espaço de dificuldades e não evitá-los, incentivando seus filhos a superarem os obstáculos. A mola propulsora das dificuldades é essencial para o crescimento de todos.

15 Carrinhos de areia

Recentemente, conversando com minha sobrinha sobre os cuidados necessários com os nossos amados bebês, comentei com ela das dificuldades que alguns têm para começarem a andar. Ela me contou um caso de uma conhecida dela que o seu filho já tem um ano e sete meses e até hoje não andou. Os pais dele procuraram vários pediatras para saber o que estava acontecendo. Ninguém encontrava uma explicação para o fato até que um jovem pediatra preencheu uma receita médica com algo estranho e inusitado. O médico, após escutar a história de vida da criança e do casal, observou que os pais possuíam cuidados excessivos e uma preocupação exagerada com o bem-estar do bebê. Assim a receita foi bem direta:

– Um carrinho de areia. Deixar a criança brincar duas vezes ao dia. Uma brincadeira pela manhã e a outra ao final da tarde. Coloque o mínimo de roupa possível e de preferência que ele fique descalço durante toda a brincadeira.

Em pouco tempo o seu bebê estava andando e correndo para todo lado.

Infelizmente, muitos pais continuam com essa superproteção dos seus filhos mesmo na idade adulta. O tempo inteiro eles estão procurando de todas as formas resolverem os problemas que seus filhos provocam. É preciso entender que o ser humano só cresce quando enfrenta suas dificuldades. Os pais superprotetores conseguem na prática atrasar o desenvolvimento físico e cognitivo dos seus filhos.

Carrinhos de areia simbolicamente representam os desafios da vida, os obstáculos a serem superados por nossos filhos e não pelos pais.

Pensem nisso e ajude seus filhos a crescerem emocionalmente, afinal, é nas quedas que a água gera energia.

16 O baú da bagunça

Queixa frequente dos pais de hoje sem dúvida alguma é a bagunça que nossas crianças e adolescentes fazem na casa. Muitos pais se *matam* de falar, falar, falar sem adiantar nada. Nossos filhos se fazem de surdos e continuam deixando calçados, roupas, talheres, pratos, etc. esparramados por todos os cômodos da casa. O quarto deles então nem se fala. É um verdadeiro caos.

Os pais ficam sem saber o que fazer diante de tanto desrespeito e indisciplina. Gritam, ameaçam e ao final eles mesmos vão arrumando a casa por não suportar tanta bagunça. Será que seria a melhor opção? Será que estamos educando agindo dessa forma?

Boas perguntas merecem boas respostas. Infelizmente quando os pais agem dessa forma eles estão ensinando seus filhos à falta de limites e de educação. Quando chegarem à idade escolar e adulta eles provavelmente terão muitas dificuldades para inserir no ambiente de estudos e no meio do trabalho.

Uma medida mais prática e inteligente seria adotar o famoso *baú da bagunça*. Essa ideia é arrumar uma caixa onde serão colocados todos os pertences pessoais que estejam esparramados pela casa dentro deste baú. De preferência, coloque-o no local bem distante como a área de serviço, barracão ao fundo, etc. Avise todos os membros da família sobre a nova política de organização da casa e, imediatamente, coloque a ideia na prática.

O *baú da bagunça* vai organizar a casa em pouco tempo e vai ensinar a todos os membros da família a noção de disciplina e a importância de viver num ambiente limpo e organizado. Essas lições serão importantes para todas as etapas da vida e para todos os ambientes sociais.

O mínimo de organização é necessário para termos progresso na vida. É nesse sentido que costumo brincar: sou o único brasileiro disposto a mudar a Bandeira do Brasil, mudando a frase *Ordem e Progresso* para *Ordem é progresso*.

Vale a pena tentar!

17 Exemplo: a única lição

Nada melhor para educar os seus filhos do que o exemplo. No livro *A criança aprende o que vivencia* a autora deixa claro que as crianças aprendem muito mais com o comportamento dos pais do que com seus sermões sem fim. Pais ansiosos vão influenciar seus filhos a adotarem também atitudes ansiosas, dificultando assim os relacionamentos familiares.

Neste sentido, se os pais ou outros adultos responsáveis pela educação de menores manifestarem ansiedade ou outros transtornos afetivos, é fundamental que busquem ajuda para eles mesmos. Normalmente, o que assistimos são pais desequilibrados buscando tratamento para seus filhos acreditando que o profissional sozinho vai dar conta dos problemas dele.

Tratando de crianças e adolescentes, é imprescindível o envolvimento dos pais. Tratando os pais, os filhos têm uma melhora significativa. Hoje, é comum o diagnóstico de TDAH (Transtorno de Déficit de Atenção e Hiperatividade). Professores e pais encaminham seus filhos para psicólogos, psiquiatras e neurologistas no intuito de conter a falta de limites e a impulsividade exacerbada.

Os pais colocam os problemas só nos filhos e resistem ao tratamento e à mudança de postura diante dos filhos. Pouco se consegue se o exemplo de virtudes, coerência e equilíbrio faltam nos relacionamentos dos adultos.

Portanto, para termos sucesso no processo do controle de ansiedade dos filhos é necessário buscar o controle da nossa própria ansiedade. Esta é a única lição: o exemplo.

18 O cuidar de si

Um dia desses ouvi uma fragmento de uma entrevista no rádio com um professor especializado em yoga para crianças. No início da reportagem o experiente iogue fez um comentário muito interessante: *Sou filho de professores de yoga e desde pequeno vi a importância de desenvolver nas crianças o conceito do próprio eu e da importância de desenvolver no ser humano o princípio do cuidar de si.*

A partir daí comecei a pensar na profundidade desse ensinamento. Uma pessoa que aprende a cuidar de si mesma, que se dedica a cuidar da sua saúde física e psíquica, que volta sua atenção para suas fragilidades e meios para superá-las tende a se proteger de toda e qualquer situação de riscos. Com certeza sua alimentação será mais saudável, terá um estilo de vida com atividades físicas frequentes e terá a motivação necessária para se submeter a um processo psicoterápico, além, é claro, de uma busca espiritual capaz de lhe proporcionar uma paz interior que os bens materiais não são capazes de oferecer.

Com certeza a maior e mais importante *herança* que os pais podem dar a seus filhos é esta: *ensiná-los a cuidar de si mesmos.* E a melhor maneira de fazer é *cuidando de si mesmos,* meus queridos pais. Assim muitos problemas podem ser evitados. Pensem nisso!

19 O cuidar do outro

No texto anterior escrevi sobre a importância de cuidar de si como o primeiro passo para a nossa verdadeira mudança. O segundo passo sem sombra de dúvida é o cuidar do outro. Desculpando a redundância, mas o maior cuidado que devemos ter aqui é questionar que tipo de cuidado o outro precisa. Outra preocupação que deveríamos ter é se o outro quer nossa ajuda. Muitas vezes oferecemos ajuda de acordo com o nosso próprio juízo de valor.

Um bebê precisa de ajuda 24h por dia. Na medida em que ele vai crescendo essa necessidade de cuidados vai diminuindo até chegar à idade adulta quando o processo de independência emocional e financeira vai se consolidando. O cuidar do outro na infância é provido de muita doação e amor. No mundo adulto o espírito predominante deveria ser a solidariedade e o companheirismo. Em outras palavras, a troca de cuidados. Em determinados momentos, um se encontra mais frágil que o outro. A situação pode se inverter e quem estava sendo ajudado deve ajudar. Essa é a relação saudável de duas pessoas maduras.

O cuidar do outro não deve provocar uma relação de dependência e de codependência, mas, sim, de interdependência, ou seja, não prejudicar o cuidar de si. Pelo contrário, o cuidar do outro complementa o cuidar de si, e ambos, a cada dia na relação madura, tornam-se melhores e mais felizes.

Todo o resto será uma consequência disto: a ética, o ser feliz, o prosperar e tantos outros são filhos deste talento ofertado por nosso Criador. Com certeza esse é um bom eixo para nortear o nosso processo de educação.

20 Aprendendo com os pássaros

Observando os pássaros com seus filhotes ainda no ninho é possível perceber verdadeiras maravilhas que só a natureza pode nos proporcionar. A *engenharia* dos galhos secos bem traçados e fixados nas árvores é tão incrível que nem o vento e a chuva conseguem retirá-los. Os filhotes, aconchegados no seu lar, desenvolvem rápido e seus pais, com sua fragilidade natural de um simples pássaro, não medem esforços para trazer o sustento para a família.

Na medida em que seus filhotes vão crescendo e os pais percebem que já estão em condições de voar com suas próprias asas, de forma sublime e sábia, seus pais deixam seus filhos passarem necessidades (fome) no ninho para criar motivação para tentarem voar. Os pais enchem seus bicos de alimentos e pousam próximo ao ninho, chamando e convidando seus filhotes ao primeiro voo, mesmo sabendo os riscos de cair e serem devorados por outros animais da floresta.

Nós seremos humanos temos muito que aprender com essas frágeis criaturas. Quantas vezes, com o argumento de proteger nossos filhos, adiamos e os impedimos de saírem do nosso *ninho*? Nós precisamos entender que nossos filhos não são nossos filhos.

Portanto, a arte de serem pais é tornar-se dispensável na vida de seus filhos. No dia em que eles estiverem preparados para *voar* de maneira independente aí sim a missão dos pais foi cumprida.

21 A proteção que desprotege

Em um mundo tão violento em que estamos vivendo é natural que a nossa preocupação com a segurança e o bem-estar dos nossos entes queridos sejam uma das nossas prioridades.

Em relação aos nossos filhos, entramos numa verdadeira obsessão em buscar a proteção deles a qualquer custo. Muitos pais proíbem seus filhos de subir numa árvore com medo dele cair, impedem uma criança de correr com medo de ela se machucar. Ela não pode jogar bola, andar de bicicleta, etc. Em resumo, elas não podem viver sua infância.

Essa mesma *proteção* perpassa na adolescência. Agora o medo são as drogas, as más companhias, a delinquência juvenil. A tentativa de controlar os supostos riscos pelos pais pode dificultar a convivência entre ambos. O adolescente já é um sujeito com consciência de si, sabe em parte dos seus direitos e das suas obrigações. É uma fase das próprias escolhas, certas ou erradas, o adolescente tem o direito de sofrer as consequências. A superproteção dos pais vai gerar a crise e o conflito será inevitável.

Portanto, caros pais, cuidado com esta proteção que desprotege. Acompanhar, monitorar, saber com quem seus filhos estão andando é importante, mas privá-los da liberdade de viver suas vidas é um crime e com certeza não vai funcionar.

22 Aprender a cooperar

Um dos princípios da filosofia do Amor Exigente tem o nome de *Cooperação*. Segundo esse movimento o valor que deve nortear as relações no seio da família é a cooperação entre seus membros. Todos de alguma maneira devem colaborar para o bom andamento do ambiente familiar, desde os afazeres domésticos até a colaboração financeira com a despesa do lar.

Infelizmente o que assistimos na maioria das famílias é uma relação de subserviência, ou seja, os pais se tornam escravos dos seus filhos. Não sei de onde tiramos isso, mas é fato que muitos pais acreditam que ser bons pais é suprir os filhos de todas as suas necessidades. Muitos filhos chegam a verbalizar frases como: *vocês são obrigados a me sustentar, eu não pedi para nascer*. Essa relação dependente com codependentes é extremamente doentia para ambos os lados.

Dessa maneira é fundamental que os pais tomem a iniciativa de alterar o perfil desta relação com seus filhos. Considerando o ambiente familiar o microcosmo da sociedade, essa mudança é essencial para preparar nossos filhos para a convivência escolar e para o mundo dos negócios, afinal, a cooperação norteia todas as relações saudáveis que conhecemos.

Portanto, construir relações cooperadas é a saída para evitar atitudes egoístas, irresponsáveis e antissociais de todos os membros da família. Vale a pena tentar.

23 *Meus* filhos

Esse termo bastante usado pelos pais, se pararmos para pensar no significado das palavras envolvidas, é possível concluir que existe um grande equívoco nessa afirmativa. O pronome possessivo *meu* significa que algo me pertence, ou seja, eu sou proprietário daquilo e posso fazer o uso que eu quiser deste objeto.

Da mesma maneira, os termos *meus pais, meu marido/ minha esposa*, são verdadeiras aberrações verbais. Isso ocorre por um motivo muito simples: um Sujeito não pertence a ninguém. Meus filhos não são meus objetos porque eles possuem desejos, sonhos, necessidades, vocações e tendências específicas que não raro são totalmente distintos dos seus pais.

Os conflitos nas relações afetivas ocorrem devido à falta desse entendimento. Por vários motivos, queremos que o outro nos satisfaça, nos supra de todas as nossas necessidades. Exigimos do outro que ele seja o nosso *objeto*, que possamos usá-lo da maneira que nos convém. Uma cadeira não questiona quando você a muda de lugar. Seus filhos, especialmente quando chegam à adolescência, tendem a questionar, criticar e discordar da postura dos pais.

Se os *nossos* filhos fossem nossos eles não adoeceriam, não usariam drogas, não fariam escolhas totalmente diferentes das nossas. Felizmente, eles são Sujeitos capazes de fazer suas escolhas e assumir as consequências delas, além, é claro, de aprender com elas.

Assim queridos pais, entendam a frase do poeta Khalil Gibran: *Nossos filhos não são nossos filhos, são filhos da ânsia da vida por si mesma. Vêm através de vós, mas não de vós. E embora vivam convosco, não vos pertencem.*

24 O Pirulito

Quando éramos crianças, a minha alegria e do meu irmão mais novo era quando minha mãe vinha a Belo Horizonte. Ficávamos ansiosos pela sua volta. Não pela saudade já que um dia só não dava tempo para senti-la. Às vezes íamos ao chamado alpendre várias vezes ao cair da noite sempre na alegria de ver a nossa mãe.

Muitos anos se passaram e recentemente, num atendimento no consultório, essa história apareceu novamente. A ansiedade da chegada da mãe foi deslocada para a chegada do famoso pirulito das Lojas Americanas. Era um pirulito enorme, colorido com várias cores circulares. Na minha terra não existia nenhum igual ou parecido. Ficávamos horas chupando aquela delícia, de preferência, na frente dos colegas para ouvi-los pedindo um pedaço. Coisas de crianças...

Certa vez minha mãe veio a Belo Horizonte e não levou o famoso pirulito. Lembro-me como se fosse hoje a frustração enfrentada. Como minha mãe esqueceu o pirulito? Não lembro se choramos por causa disso, só sei que nunca mais me esqueci desse fato.

Até hoje muitos pais entopem seus filhos de presentes, balas, doces e guloseimas de tal maneira que as crianças olham para seus pais como se eles fossem fornecedores destas fábricas. Eles *amam* seus pais por interesse naquilo que vão ganhar deles. A afetividade e o amor foram deslocados para os objetos.

Eduquem seus filhos dando o melhor *pirulito* que eles podem ter: a sua presença!

25 Picolé ou parafuso?

Alguns anos atrás, quando eu tinha uma loja de material elétrico, eu passei por uma experiência inesquecível. De todas as coisas que eu vendia, aquela que mais me incomodava era sem dúvida alguma os famosos parafusos. Existia uma variedade imensa de tamanhos, modelos e roscas diferenciadas. Os clientes misturavam todos e era aquela confusão.

Produtos de valores unitários irrisórios, cerca de 3, 5, 7 centavos e dava um trabalho danado para vender. Alguns clientes precisavam de muitas unidades e que, quando somados, dava um valor monetário considerável. Não raro os clientes achavam caros esses produtos tão baratos.

O meu argumento de vendas era comparar o preço dos parafusos com o picolé que o meu vizinho vendia a R$ 0,25. Dizia eu: *os parafusos vão ser fixados na sua parede e vão ficar por muitos anos, enquanto que o picolé em poucos minutos desaparece na sua boca.*

O argumento era convincente até que um dia o vendedor de picolé foi comprar parafusos. Como a maioria dos clientes, ele reclamou do preço. Usei o meu eficiente argumento de vendas e ele me respondeu: *Você está certo, Cláudio, porém eu nunca vi ninguém chupar parafusos.*

Eu estava comparando o incomparável. Assim são os pais quando começam a comparar os filhos. Cada sujeito é único, com seus defeitos e qualidades. Compará-los é ineficaz, ineficiente e desrespeitoso para com eles.

Assim, evitem fazer comparações, afinal cada um tem sua função. Da mesma forma que o picolé e os parafusos.

26 O que fazer com a *pirraça*

Um dos desafios do processo de educação do mundo contemporâneo é sem sombra de dúvida a dificuldade dos pais em colocar limites e controlar os comportamentos antissociais dos filhos, seja em casa ou no ambiente escolar. A famosa *pirraça* está cada vez mais frequente nas crianças de hoje. Os pequenos estão confundindo direitos conquistados com liberdade de fazer o que bem entendem nesses ambientes.

O que fazer diante dessa realidade? Os pais possuem vergonha quando se deparam com essa situação. O constrangimento é enorme e os recursos para corrigir essa situação como as famosas *palmadas* não possuem nos dias atuais certa simpatia da sociedade como um todo.

É preciso entender que na maioria das *pirraças* possui uma motivação egoísta, egocêntrica e desprovida de uma razão para tanto escândalo. A criança aprendeu ao longo da sua relação com os responsáveis que dessa maneira eles conseguem as coisas que querem. Dentre elas a atenção toda focada nele com suas crises.

Uma técnica que funciona na maioria dos casos é a chamada *tirando o foco*. Não dar muita atenção ao espetáculo. Desviar o foco para algo diferente também pode ajudar. Mas, particularmente, nada é mais eficaz do que simular a imitação da *pirraça*. A criança perde totalmente seu poder de manipulação e o show acaba quase que imediato.

Ficam aí as dicas. Se o problema continuar procure ajuda profissional. Um bom psicólogo pode ajudar você.

27 Amar para educar

Enquanto uma criança não sentir amada, ela não terá condições de ser educada. Essa é uma verdade inquestionável. Não importa se o filho seja adotivo ou biológico, não importa a idade. Em qualquer tempo esse princípio prevalece. Faz parte da natureza humana.

É importante ressaltar, porém, que não basta amar o outro. É necessário demonstrar esse amor para que o outro tenha certeza de que é amado. Acredito que essa premissa pode ser ampliada para outras áreas da nossa vida como na vida conjugal, no ambiente comercial e dentro das organizações sem fins lucrativos como igrejas, escolas, associações e, por que não dizer, nos órgãos públicos e na política.

Quando o ser humano não se sente amado não tem sentido aceitar o processo de aprendizagem e da educação. Sobra para ele a rebeldia, a agressividade, a indisciplina, a indiferença e não raras vezes a marginalidade e o uso indiscriminado de bebidas alcoólicas e de outras drogas.

O grande desafio, portanto, é amar e, para isso, nós precisamos também acertar nossas arestas emocionais, afinal, somos também vítimas de uma sensação de falta de amor. Nosso *tanque* muitas vezes esta vazio do *combustível* amor porque não o recebemos ao longo da vida. Um processo psicoterápico, os grupos de apoio e uma religião podem ajudar a encher este *tanque de amor* para, aí sim, começar a encher o *tanque do amor* do outro com o nosso amor.

Só depois do amor vem a educação. Pensem nisso educadores!

28 Geração Dramin

Recentemente, estava na rodoviária esperando meu ônibus estacionar e chegou um casal com uma filha por volta de cinco anos de idade no colo, dormindo. O ônibus atrasou cerca de 40 minutos e o pai puxou assunto comigo. Para minha surpresa no meio da nossa conversa ele falou:

– Dei um comprimido de Dramin para minha filha dormir a noite inteira às 22h e já são mais de 23h e nada do ônibus. Minha filha já tem uma hora que está dormindo.

Fiquei assustado e sem reação com a naturalidade com que o pai falou isso. Durante toda a viagem fiquei pensando nisso. Pais sedando os filhos para eles não incomodarem os outros, especialmente aos próprios pais.

A geração Dramin também pode ser chamada a geração Ritalina, Rivotril, Diazepam. Pais que não conseguem colocar limites através da educação agora estão usando a medicação para *parar* literalmente as crianças.

A geração Dramin também pode ser chamada a geração videogame, celular, internet. O que importa é controlar as crianças, tirando delas o mais importante: a infância.

Fiquei pensando o que será dessa geração? Uma geração obesa, que não sabe dividir os brinquedos, não desenvolve a criatividade, a noção de espaço, de tempo. Uma geração que não joga bola, peteca, queimada, não brinca de pega-pega, de polícia e ladrão e tantas outras brincadeiras que gastam energia, desenvolvem a coordenação motora, a musculatura e a criatividade, além de trazer tanta alegria para elas e para toda a família.

Queridos pais, reflitam sobre isto: o que vocês estão fazendo com seus filhos?

Lembre: *uma geração que não brinca é uma geração perdida.*

29 A desproteção que desprotege

Alguns anos atrás eu escrevi um texto intitulado *A proteção que desprotege*. Falava naquela ocasião dos riscos da superproteção das nossas crianças e adolescentes. Privá-las de correr, de andar de bicicleta, de jogar bola e passear nas praças e *shoppings* com os amigos é tirar o que há de melhor desta idade. O medo aprisiona os pais e impede as crianças e adolescentes de amadurecerem.

Aqui chamo a atenção para o outro lado da moeda. A desproteção excessiva dos pais em relação aos seus filhos ainda muito novos. É comum, nos dias de hoje, os pais modernos já darem a chave da casa, comprarem camisinha para adolescentes de 13 anos. Não preocupam com quem seus filhos estão andando e nem onde estão passeando.

Certa vez, escutei de um jovem de 25 anos uma frase que jamais vou esquecer:

– Cláudio, a minha educação foi toda errada, por isso eu me envolvi em tantos problemas.

Curioso, procurei saber o que tinha acontecido na sua educação. Ele me respondeu sem vacilar:

– Quando eu tinha uns doze anos, minha mãe me deu a chave da minha casa. Ela nunca foi à minha escola ver minhas notas, deu-me toda a liberdade do mundo numa idade que eu não estava preparado para isso.

A mãe desprotegeu o filho no momento errado. Resultado disto, este jovem virou um estelionatário, possuía vários processos na justiça e estava cumprindo pena em um presídio.

É obvio que em se tratando de ser humano, esta relação causa e efeito não é tão cartesiana assim, mas o ambiente, sem dúvida, facilitou a escolha de caminhos tortuosos ao longo da vida desse jovem.

Fica aí o alerta!

30 Educação pela paz

Ficamos estarrecidos com as imagens dos terroristas do Estado Islâmico treinando crianças para manusear uma arma de fogo, uma bomba. Achamos isso um absurdo tirar a inocência das crianças e começar a prepará-las para a guerra.

Nós sabemos que o processo de dominação de um povo é através da ideologia, ou seja, *entrar na mente das pessoas* com crenças e valores, além, é claro, construir a formação de hábitos de acordo com o interesse do líder.

Diante dessa lógica, trazendo essa reflexão para a nossa realidade, podemos afirmar, sem sombra de dúvida, que estamos vivenciando uma espécie de *doutrinamento* das nossas crianças e adolescentes. Quando seres em formação são expostos a tantas horas de violência através da TV, da internet e dos videogames, nós estamos cultivando a violência e a cultura da guerra.

A mente dominada pelo sentimento de conflito e de guerra vai se manifestar na juventude e na idade adulta com violência. Acredito que muitas agressões de alunos e filhos aos seus pais e educadores nos dias de hoje têm sua origem nesta cultura da violência.

É preciso com urgência repensar esta educação. Diminuir o tempo de exposição aos videogames, selecionar jogos mais educativos, monitorar o acesso da internet e estar atendo à programação da TV.

Portanto, temos que evoluir para a educação pela paz. Recusar filmes, novelas, videogames e *sites* violentos é o primeiro passo. O segundo é escolher algo melhor que promova a paz.

NÃO SE CONSTRÓI A PAZ COM ARMAS.

31 Participação

O filme *Um Herói de brinquedo* conta a história de um alto executivo de uma empresa que nunca tinha tempo para participar das atividades do seu filho nas festas escolares, no futebol, etc. Ficava evidente no semblante do seu filho o sentimento de frustração por não poder contar com a presença do pai nos momentos mais importantes da sua vida.

O pai tentando se redimir de suas falhas, promete ao seu filho qualquer coisa. Assim, como mais uma tentativa, seu filho pede o brinquedo da moda para o natal: O Herói de brinquedo.

Como sempre, o pai nunca tinha tempo para comprar o precioso brinquedo. Até que chegou o dia de natal e quando o pai foi providenciar o presente ele não o encontrou. Não importava quantos dólares ele tinha na sua conta bancária. Não importava nem o custo deste presente. O que tinha valor naquele momento era sua participação na vida do seu filho.

Um filme divertido. Vale a pena fazer uma sessão de cinema em casa, com direito a pipoca, pizza e refrigerante. Convide outros pais com seus filhos. Todos vão sair ganhando.

32 Esperar o inesperado

Tenho já um bom tempo escrito algumas informações importantes para orientar os pais no seu processo de educação dos seus filhos. Já abordei temas como dicas de prevenção às drogas, desenvolvimento infantil, planejamento e tantos outros de que nem me lembro mais.

Algo que há muito tempo eu já tinha percebido e que não sei o motivo não tenho compartilhado com os nossos estimados leitores. Lembro-me que a mais ou menos cinco anos eu escrevi uma coluna intitulada: "Meu pequeno grande mestre". O texto trazia as minhas experiências de convivência com meu filho Davi na época com três anos de idade.

Este mês aprendi com "Meu pequeno grande mestre" (que já não é tão pequeno assim), algo que me chamou muita atenção: houve um pequeno incidente em que meu sogro trancou o meu carro com a chave na ignição em pleno sábado à noite. Desesperado ele liga e me pede socorro para levar a chave reserva. Quando vou pegar a chave reserva estava quebrada. Vamos nós eu e meu pequeno mestre a procura de um chaveiro. Fomos parar num Shopping. Ao fazer um comentário com meu filho sobre o imprevisto, ele me surpreendeu com um comentário rico em sabedoria e simplicidade: *Papai, temos sempre que esperar o inesperado.*

Assim, na minha arrogante coluna intitulada *Preparando seus filhos para vida* eu me esqueci de que nossos filhos também nos preparam não só para sermos pais deles, como também para a vida. Fique atento! Seus baixinhos estão o tempo todo ensinando muitas coisas para vocês pais.

33 Em busca das dificuldades

Qualquer pessoa que convive com uma criança percebe que estas buscam sempre uma situação de dificuldade. As brincadeiras de subir em árvores e muros. O apostar corrida com os coleguinhas. Os jogos, os quebra-cabeças. Lembro-me do meu filho que lá por volta dos 3 anos de idade cismou de descer do carro pelo porta-malas. Ele subia no encosto do banco traseiro, caía no porta-malas e eu tinha que abrir a porta do porta-malas para o *atleta* dependurar na traseira do carro para depois pisar ao chão. Ficava eu pensando o porquê daquela dificuldade toda se pela porta do passageiro era muito mais fácil sair.

Meu filho, de forma intuitiva, percebia que era enfrentando as dificuldades que ele cresceria. A musculatura, os reflexos, a coordenação motora, a autoconfiança e a autoestima seriam conquistadas a cada vitória diante das dificuldades. Nesta brincadeira de criança meu filho me ensinava que nós, os adultos, fazemos exatamente o contrário, ou seja, fugimos da dificuldade sempre buscando as facilidades.

Mais triste ainda é presenciar os pais impedindo os filhos de enfrentar suas dificuldades. Facilitando as coisas para eles, os pais estão dificultando o desenvolvimento global das nossas crianças. Durante toda a sua vida serão adultos inseguros, medrosos e com um nível de preparo para frustrações muito baixas. Portanto senhores pais, deixem seus filhos buscarem as dificuldades. Isto vai facilitar muito a vida deles no futuro, e com certeza, a de vocês também.

34 Exemplo

Um livro intitulado *As crianças aprendem o que vivenciam* da autora americana Dorthy Law Nolt se tornou um dos livros mais vendidos nos EUA. Para ela as crianças aprendem com o comportamento e com as palavras que os adultos estão pronunciando no dia a dia e não com os sermões intermináveis dos pais e educadores.

Portanto, se uma criança vivencia seus pais brigando, se agredindo verbalmente, inseguros, medrosos e tensos, elas estão aprendendo exatamente isto. Se forem criadas em um ambiente movido por bebidas alcoólicas e outras drogas, as crianças terão mais probabilidade de fazerem uso também.

Da mesma forma, se as crianças vivenciam palavras de amor, gestos de carinho entre seus pais, um ambiente de alegria e de estudos, provavelmente elas vão desenvolver estas qualidades e serão mais felizes.

Quais os exemplos que você está dando? Procure ajuda profissional se a resposta for um exemplo ruim. Isso vai ser bom para você e para seus familiares.

35 Divirtam com seus filhos

Já escrevemos sobre a importância de ler bons livros sobre a juventude para entender o que é o transtorno da ansiedade no jovem. Muitas vezes somos escravos da nossa ignorância. Erramos com nossos filhos e na vida por falta de conhecimento.

Ao procurar informações, você vai perceber que nossos filhos querem mais do que comida, roupa e eletroeletrônicos. Eles querem a nossa companhia. Não a companhia de alguém que não vê a hora de ir embora daquele tormento, mas sim, aquela que se sente bem na presença deles, que valorize seus desejos e interesses. Nunca devemos levar nossos filhos a um parque, a um shopping, a um cinema. Devemos sim, ir com eles, curtir cada momento juntos e se divertir ao ponto de esquecer-se do tempo e dos outros compromissos.

Além e valorizar nossos filhos é importante também respeitar suas amizades, mesmo sabendo que algumas não são positivas. Falar mal delas só vai afastar seus filhos de vocês. Participar com os amigos vai ser importante até mesmo para conhece-los melhor.

Programar atividades saudáveis como sessões de pipoca e cinema, jogos, esportes, reuniões familiares, etc. são importantes para uma maior integração de toda a família.

Essas medidas vão refletir positivamente na saúde psíquica de toda a família, diminuindo consideravelmente os sintomas da ansiedade juvenil e de todo o grupo. Mãos à obra!

CAPÍTULO 2

FILHOS NA
PRÉ-ADOLESCÊNCIA

1 Aprender a mandar

Nos dias de hoje tenho percebido que os pais estão adotando uma postura de passividade em relação aos filhos. O excesso de gentileza para com eles tem prejudicado esta convivência de tal maneira que os pais chegam ao ponto de terem medo dos seus filhos. Situações em que os pais deveriam mandar e seus filhos deveriam obedecer, assistimos aos pais dizerem assim: *por favor, dá para colocar suas coisas no lugar*?

Na medida em que isso vai ocorrendo, o adolescente começa a sentir que pode fazer o que bem entender e quando faz alguma coisa é um favor que está fazendo para os pais.

Os pais precisam ter uma postura mais assertiva, ou seja, direcionar seus filhos para os valores da família e da sociedade. Os filhos precisam entender que os pais possuem o comando da família e que são eles que ditam as normas.

Esse aprendizado é fundamental para num futuro não muito distante *inserir a criança na escola e o adulto no mercado de trabalho e na sociedade como um todo.*

Perder a autoridade é perder as referências de hierarquia, de disciplina, da obediência e da vida em comunidade. Esta é uma lição que todos nós, pais e filhos, precisam aprender: mandar em vez de pedir.

O movimento Amor Exigente tem um princípio muito interessante: *pais e filhos não são iguais.* Não devemos nos colocar no lugar de amigo dos nossos filhos. Precisamos ocupar o lugar de pais e os filhos no lugar de filhos.

Pensem nisso, meus queridos pais e filhos!

2 Como formar um delinquente

Já faz um bom tempo que recebi este texto. Apesar de não ser de minha autoria, acho importante divulgá-lo, afinal, o que é bom deve ser passado para frente. Acrescentei mais algumas coisas que achei necessário. Vale a pena refletir sobre isto: *O departamento de polícia de Houston, no Texas, elaborou uma lista enumerando nove maneiras fáceis de como criar um delinquente.* A lista é a seguinte:

1 Comece na infância dar ao seu filho tudo o que ele quiser, assim quando crescer, ele acreditará que o mundo tem obrigação de lhe dar tudo que ele deseja;

2 Quando ele disser nomes feios, ache graça, isso fará considerar-se interessante;

3 Nunca lhe dê orientação religiosa, espere que ele chegue aos 21 anos e decida por si mesmo;

4 Apanhe tudo que ele deixar jogado: livros, sapatos, roupas, brinquedos. Faça tudo para ele. Assim ele vai aprender a jogar as responsabilidades sobre os outros;

5 Discuta com frequência na presença dele, assim não ficará muito chocado quando o lar se desfizer mais tarde;

6 Dê-lhe todo o dinheiro que ele quiser. Nunca deixe que ele ganhe o seu próprio dinheiro. Por que terá ele que passar por todas as dificuldades por que você passou?

7 Satisfaça todos os desejos de comida, bebida e conforto. Negar pode acarretar frustrações prejudiciais. Pode gerar traumas;

8 Tome partido dele contra todos os seus vizinhos e policiais; afinal, todos têm má vontade com seu filho;

9 Quando se meter em alguma encrenca séria, dê esta desculpa: nunca consegui dominá-lo.

Eu acrescento na lista do departamento de polícia de Houston, Texas, as seguintes dicas para formar um delinquente:

10 Ensine ele a beber, a fumar e a fazer uso de outras drogas. Lembrando que você será muito eficaz se fizer isso na presença dele;

11 Libere o computador e a TV à vontade sem colocar limites de tempo e de programação;

12 Mude de escola sempre, principalmente quando ele reclamar da atual escola;

13 Terceirize o afeto, afinal, os pais não têm tempo para bobagens;

14 Critique-o com frequência, especialmente usando palavras duras e de baixo calão;

15 Não acredite nele, pois ele não presta e não é capaz de fazer nada de bom para ninguém;

16 Resolva os problemas dele o mais rápido possível;

17 Dê toda a liberdade do mundo para ele, mesmo quando não demonstrar que está preparado para tal;

18 Proteja-o sempre. Ele sempre será seu menino indefeso;

19 Cultive nele valores como a ganância, a vaidade, o orgulho, o poder, o consumismo e o materialismo sem ética e respeito ao próximo;

20 Não ensine ele a respeitar o próximo, especialmente os mais velhos.

Se o nosso desejo é fazer de nossos filhos cidadãos responsáveis e dignos, comecemos a prestar mais atenção na forma de educação que lhes damos. Ensinar-lhes a tolerar frustrações, ensinar-lhes disciplina e responsabilidade é um bom começo para construirmos uma geração mais sadia e feliz. Que comecemos agora. Que Deus nos abençoe nesta caminhada!

3 Morrer em vida

Faz parte da vida o nascer, o viver e o morrer. Desde o momento da nossa concepção no ventre da nossa mãe já estamos lutando pela vida contra a morte. A dinâmica da vida é este eterno ciclo que há milhões de anos se repete sem cessar. O processo natural e mais comum é vivermos até a velhice e assim partirmos para o além, carregado de mistérios e segredos. É claro que nos percalços da vida presenciamos a morte de bebês, de crianças e jovens. Porém, a lógica da vida são os filhos enterrarem seus pais.

Assim, diante dessa cruel realidade, cabe aos pais começar a morrer em vida, ou seja, aos poucos irem se ausentando da vida de seus filhos para que estes possam encontrar o seu caminho. Na medida em que o filho cresce, ele tende a buscar desesperadamente essa independência. Desde os primeiros movimentos com as mãos quando o bebê tenta se alimentar sozinho até a juventude esse objetivo é almejado. A crise da adolescência nada mais é do que este conflito entre o desejo dos pais e o desejo do sujeito buscando sua identidade.

Portanto, pais, procurem gradativamente se ausentarem da vida dos seus filhos. Eles um dia irão te agradecer.

4 O Conjunto Gropius

Desde 1990 trabalho com familiares e dependentes químicos. Nesse período eu já tive oportunidade de ler dezenas de livros sobre este tema. Uma das leituras mais marcantes sem sombra de dúvida foi o antigo livro *Cristiane F., treze anos, drogada e prostituída*. Na época eu nem pensava em atuar nesta área. O livro é baseado na história dessa adolescente que vivia na Alemanha. Na introdução ela relata para a jornalista a triste realidade do Conjunto Habitacional Gropius onde passou a sua infância. Esse conjunto era constituído de centenas de apartamentos com milhares de moradores.

De maneira impressionante ela descreve este lugar sob o ponto de vista das crianças. Faz observações sobre a área de lazer: *o playground estava quebrado e a areia suja de excrementos de animais*

Assim, não sobrava alternativa para brincar a não ser na grama que era proibida e, é claro, o divertido pega-pega nos elevadores. A reprimenda dos moradores e dos síndicos não demorava muito. Ao chegar à pré-adolescência uma nova diversão surgia: o uso de drogas.

Não seria isso o que está acontecendo com nossas crianças e adolescentes de hoje. Sem lazer sadio o que resta são as drogas e o mundo virtual em excesso?

5 Educar para o fracasso

Com certeza, o título desta matéria deve ter no mínimo despertado nos nossos leitores a curiosidade. Sempre ouvimos falar da educação para o sucesso. As escolas particulares cansam de divulgar essa filosofia da prosperidade. Como consequência, nossas crianças e adolescentes não estão preparados para perder, para fracassar. Sempre querem ganhar em todos os sentidos.

Felizmente, a realidade da vida é composta de perder e ganhar. Sempre que conquistamos algo, normalmente isso foi resultado de muitas derrotas. Então saber perder é tão, ou até mais, importante do que saber ganhar. Vejamos como exemplo um atleta olímpico medalha de ouro. O mundo o assiste subindo no pódio para receber a medalha. Uma grande conquista vem sempre antecedida de centenas de derrotas. O atleta que não aprender a perder não vai aprender a ganhar.

Infelizmente, o que é possível perceber hoje em dia é que nossas crianças e adolescentes não estão aprendendo a perder. O fracasso é como uma injeção de desânimo, de perda de autoestima e de vergonha para todos. Quando ele chega à juventude e na idade adulta sua frustração será inevitável e a tendência é sempre fugir das dificuldades para não correr o risco de perder. O uso/abuso das drogas, a delinquência juvenil, o abandono escolar e a indisciplina são meras consequências dessa incapacidade da geração atual de lidar com os fracassos inevitáveis da vida.

Portanto, educar para o fracasso é construir as bases para o sucesso verdadeiro. Pense nisso e ensine aos seus filhos a importância de aprender a perder. No futuro você vai se orgulhar de ter um grande campeão na sua vida.

6 Educar para o sucesso

No item anterior refleti sobre a importância de educar para o fracasso. Ressaltei a necessidade de preparar nossos filhos para os fracassos e perdas inevitáveis que a vida nos traz. Neste pequeno espaço é preciso pensar na educação para o sucesso.

Infelizmente, muitos não estão preparados para enfrentar o sucesso. Com frequência é possível perceber que o sucesso pode ser a causa de um grande fracasso. A vaidade, o orgulho, a ignorância e comportamentos antissociais são comuns nesta situação. Alguns se perdem na prostituição e nas drogas. Outros se perdem no consumismo exacerbado.

Portanto, os pais devem ficar atentos quando seus filhos obtiverem algum sucesso no esporte, na escola e na vida. Não alimentar a vaidade e sempre estimular o respeito pelos seus adversários que foram derrotados.

É fundamental também que os pais não incentivem o desprezo pelos outros, a discriminação seja por condição socioeconômica, raça, religião ou sexo não deve ser estimulada, pelo contrário, deve ser combatida. Para tanto, uma boa alternativa seria a participação dos pais juntamente com seus filhos nas atividades comunitárias de ajuda aos mais necessitados. Essa aproximação pode ajudar na humanização das relações entre os diferentes, construindo assim valores morais e éticos.

Somente assim, poderemos evitar tantos casos de fracasso diante do sucesso.

7 Esporte neles

Recentemente, passei por quatro experiências marcantes em relação à importância do esporte para crianças, adolescentes e jovens.

Na primeira delas estava levando meu filho a uma quadra de futebol. Alguns garotos e crianças brincavam despretensiosamente de futebol. Eu e meu filho entramos na brincadeira. Num determinado momento um senhor chegou bravo falando que nós não podíamos permanecer ali porque aquela quadra era particular e para a gente jogar lá tinha que pagar R$180,00 a hora.

Cabisbaixos, eu e os meninos saímos sem rumo. Onde iríamos brincar num dia de chuva? Assisti aos garotos subindo a rua levando a bola e retornando para suas casas.

Na mesma semana, a segunda experiência: assisti a outra cena que me chamou atenção. Três adolescentes em um feriado se arriscavam subindo um muro da escola para jogar bola na quadra.

A terceira experiência aconteceu quando passava próximo a uma escola e vi um buraco no muro. Curioso eu fui verificar o que era e presenciei jovens jogando bola numa quadra abandonada de uma escola.

A quarta experiência sintetizou as consequências das demais: voltava da academia a pé e ouvi um jovem dizendo para o outro: *não tenho nada para fazer, vou fumar um baseado*.

O esporte além de controlar a obesidade, ser saudável para o corpo e para a mente, ensina a importância do trabalho em equipe, a ganhar e a perder, desenvolve as habilidades cognitivas, a coordenação motora, melhora o sono, o desempenho escolar, a disciplina, etc.

Esporte neles e em nós, afinal, esporte é bom para todas as idades!

8 Mesadas inteligentes

Um dos grandes desafios no processo de educação dos nossos filhos sem sombra de dúvida é ensiná-los a lidar com o dinheiro. Qual pai ou mãe já não ficou constrangido diante dos filhos quando de um pedido destes em momentos inadequados. A ausência dos pais na vida dos filhos seja pelo excesso de trabalho ou por outros motivos tende a gerar um sentimento de culpa enorme nestes. Para *pagar* esta conta um mecanismo de compensação é ceder a esses irresistíveis pedidos. Alguns estabelecem a famosa mesada para os filhos. De forma irresponsável e sem limites são comum às crianças e adolescentes estourarem o seu teto na primeira semana ou quinzena e, novamente, começa a pressão emocional dos famosos adiantamentos que normalmente nunca serão descontados.

Qual a saída? Sugiro a semanada. Um valor que cubra todas as despesas da semana com uma pequena *gordura* para estimular uma possível poupança e a criação de objetivos a médio e longo prazos. Para esse mecanismo ter eficácia nada melhor do que condicioná-lo a algumas responsabilidades diárias do adolescente como o desempenho escolar, a limpeza do quarto e dos seus pertences, algumas tarefas domésticas, etc.

Assim, nossas crianças e adolescentes começam a entender que o dinheiro deve ser conquistado pelos compromissos, pelo trabalho e não ganhado. Ensinamos a dinâmica da sociedade em que vivemos, ou seja, baseada numa troca de interesses. O patrão, interessado na mão de obra do empregado, remunera-o. O empregado, interessado no seu salário, trabalha para o patrão.

Se dermos a mesada sem exigir nada em troca estamos ensinando nossos filhos que não precisam trabalhar para ter dinheiro. Isso será um desastre.

Mesada inteligente neles!

9 Riscos sociais

Aqui chamo a atenção para um problema grave que esta geração está enfrentando: a dificuldade de viver em sociedade. No passado, as famílias eram numerosas e seus membros aprendiam a dividir tudo, a compartilhar as alegrias e tristezas, aprendiam assim, desde a tenra idade, os valores da solidariedade e do trabalho em grupo. Hoje, famílias pequenas com poucos filhos não possuem esse espaço de trocas, pelo contrário, a solidão dos aparelhos eletrônicos individuais, no conforto do quarto privativo, alimenta o egoísmo e o sedentarismo. Jovens *reizinhos* são criados no berço do nosso lar. Uma geração de *pidões*, eternos insatisfeitos demandando bens materiais e atenção o tempo todo. O mundo todo tem que servi-los nas suas necessidades imediatas.

Recentemente, assisti a uma entrevista de uma profissional de recursos humanos de uma grande empresa que alertava os pais para essa realidade. Segundo ela, o maior desafio das empresas no mundo moderno não está apenas na formação técnica, mas, sim, na formação do caráter, da personalidade, dos valores morais dos seus colaboradores. Em outras palavras, no berço da família. É nela que o cidadão deveria aprender a honestidade, o trabalho, a solidariedade, a partilha, o respeito e a importância do trabalho em equipe.

Diante disso, o que se pode fazer. Criar alternativas substitutas a estas famílias grandes. A escolinha de futebol, o clube, as praças, o incentivo do contato com os coleguinhas frequentando a casa. O priorizar os jogos esportivos ou de tabuleiros em vez dos jogos eletrônicos e, o mais importante, o nosso exemplo. Pensem nisso, prezados pais, assim iremos amenizar os riscos sociais!

10 Riscos eletrônicos

Um dos problemas mais comum que está chegando aos consultórios de psicologia sem sombra de dúvida é a preocupação dos pais com o uso excessivo de computadores, vídeos games, *tablets* e celulares. O uso abusivo da internet com suas redes sociais e *sites* não muito educativos e às vezes, de conteúdos no mínimo duvidosos, é uma verdadeira ameaça para a saúde física e psíquica das nossas crianças e adolescentes, e por que não dizer também para os adultos.

Dentre várias consequências negativas podemos citar:

1 O tempo desperdiçado com este mundo eletrônico retira o usuário dos estudos, do trabalho, do lazer, do esporte e dos demais familiares e amigos;

2 O isolamento social provocado pela relação compulsiva com a máquina afasta as pessoas. Com o tempo, a depressão, a inabilidade de conviver socialmente é uma realidade difícil de ser contestada;

3 As dificuldades com os estudos, o desinteresse pelas matérias vão afetar o desempenho escolar, comprometendo todo o futuro do usuário viciado;

4 A falta de atividade física e uma alimentação inadequada provocada pelas horas *online* com certeza pode trazer a obesidade, o aumento do colesterol, do triglicérides e da diabetes;

5 Noites em claro diante do monitor. Horas perdidas de sono. Problemas precoces nas vistas e possíveis problemas de LER (Lesão de Esforço Repetitivo);

6 Conteúdo indevido: *sites* adultos vistos por crianças e adolescentes, conversas indevidas correndo riscos

de pedofilia, de sedução de menores, de roubos, jogos que estimulam a violência e o crime, etc.

Enfim, ledo engano dos inocentes pais acreditarem que, só por que estão em casa diante de um computador, seus filhos estão seguros. Se não podemos proibir, é possível fiscalizar e estimular limites de uso, especialmente para nossas crianças e adolescentes. Não podemos nos omitir.

11 Riscos alimentares

Outro problema para os pais no mundo contemporâneo sem sombra de dúvida é, ou deveria ser, a preocupação com a alimentação dos seus filhos. É comum ver os pais colocarem nas merendeiras escolares dos seus filhos biscoitos recheados, chips, doces, balas e salgados, acompanhados de refrigerantes e sucos industrializados.

No futuro, é provável que tenhamos uma geração muito mais vulnerável a vírus, bactérias e outros agentes responsáveis por centenas de doenças infectocontagiosas. Além disso, outros fatores podem agravar ainda mais a vida da criança, adolescentes e jovens que mantêm esses padrões alimentares:

1 obesidade infantil;

2 problemas com a autoestima;

3 dificuldade de socialização;

4 desinteresse por atividades esportivas;

5 dificuldades cognitivas (pensamento, memória, raciocínio, lógica);

6 quadros crônicos de anemias, inflamações de garganta, gripes constantes, etc.

Enfim, uma geração coca-cola que não come frutas, verduras e legumes. Suprida por famosos sanduíches na maioria das vezes não muito saudáveis. Associadas a esses riscos, a situação se agrava com os riscos eletrônicos descritos no item anterior.

Cabe aos pais o cuidado de, pelo menos, amenizar essas consequências, adotando posturas mais saudáveis ao se alimentar, incluindo na dieta dos seus filhos as frutas, as verduras, legumes e a atividade esportiva e de lazer. Gerações saudáveis deve ser uma meta de todos, especialmente dos educadores.

Pensem nisso e mude agora. Deixar para o futuro pode ser tarde demais!

12 A *coleira* do afeto

Recentemente, ao caminhar pelas ruas da nossa cidade, observei algo que me proporcionou uma reflexão bastante profunda sobre as relações afetivas, especialmente entre familiares e demais pessoas que construímos vínculos.

Observei uma senhora passeando com o seu cão. O que me chamou a atenção foi notar que a guia estava solta ao chão. O belo cão passeava na calçada cheia de pedestres, mas não se afastava da sua dona. O que o prendia a esta senhora?

No mesmo instante a essa pergunta veio a resposta: a *coleira do afeto*.

Analisando as relações amorosas e afetivas dos ser humano, é possível perceber que muitas vezes queremos colocar coleiras nas pessoas que dizemos amar. Como é comum os pais quererem prender seus filhos em suas casas, em suas *coleiras* da imposição dos seus próprios desejos em detrimento da liberdade do outro. Queremos a qualquer custo ter o domínio do nosso *amor* e quando não conseguimos entramos em conflito e em um sofrimento sem limites. O mesmo acontece quando a insegurança, o medo de perder meu objeto de amor nos coloca numa postura de possessão, de domínio sobre o outro a qualquer custo. O ciúme nada mais é do que isto: uma *coleira de controle* na tentativa de dominar o outro. Nenhuma relação será saudável nesses termos.

13 Pais e filhos não são iguais

Nos anos 70, com a popularização da psicologia através dos meios de comunicação, proliferou a ideia de que os pais deveriam ser antes de qualquer coisa, amigos dos seus filhos. Assim, os pais começaram a renunciar à sua condição de educadores e se demitiram da sua condição de autoridade. Como consequência, os filhos perderam as referências paternas e maternas, introduzindo no seio da família o desrespeito e a intolerância.

O movimento do Amor Exigente, surgido nos EUA e utilizado pelos grupos de apoio de pais com problemas com filhos, especialmente envolvidos com o consumo de substâncias psicoativos, adotou 12 princípios de reestruturação familiar.

Dentre eles, o quarto princípio nos chama a atenção: *Pais e filhos não são iguais*. Os pais precisam ser pais para que os filhos possam ser filhos. Isso implica uma relação totalmente diferente de amigos.

Os filhos possuem dezenas de amigos, entre eles não existe nenhuma relação de hierarquia, apenas um espírito de companheirismo e de identidade em que o espaço das confidências existe. Nessa relação um amigo ou colega não possui a responsabilidade sobre a educação do outro. Já na relação com os pais o compromisso com a educação, com a orientação fica evidente. Os pais são as primeiras referências para a formação da personalidade das crianças, com sua experiência de vida ao longo dos anos, eles são o porto seguro para que elas possam crescer com ética e caráter.

Portanto, pais sejam pais de seus filhos. Não tentem ser amigos, além de vocês não conseguirem isso, ainda irão perder a autoridade de pais tão necessária para o bom desenvolvimento dos seus filhos.

Portanto, é necessário trocar a *coleira de controle* pela *coleira do afeto*. As pessoas devem entender que os seres humanos não são como objetos que podemos movimentar conforme os nossos interesses. Os humanos são seres do desejo, do sonho, da liberdade e de vontade própria. Ninguém é dono de ninguém. Construir relações sólidas de afeto é a maneira mais inteligente de sermos amados e amar alguém, possibilitando assim uma vida mais saudável e feliz para todos.

14 Saindo do ninho

Convido os nossos queridos pais a observarem a natureza e perceberem como é interessante a relação dos pais com seus filhotes. Alguns dias atrás um casal de rolinhas fez um ninho numa pequena árvore logo na saída do portão da minha casa. Durante um bom tempo a mãe ficou horas a fio ali, dedicando-se o tempo quase todo chocando seus ovinhos. Saía de manhã para trabalhar ela estava lá, voltava na hora do almoço e até quando chegava à noite nossa mamãe permanecia ali com seus cuidados.

Com muito trabalho e perseverança os filhotes nasceram. Sempre passávamos pertinho deles, se eu estendesse meus braços era possível pegá-los, e em pouco tempo os amados filhotes alçaram voo em direção à liberdade da vida. Hoje o que restou foi um ninho abandonado na nossa pequena árvore do nosso jardim.

No ser humano, assistimos muitas vezes a pais que constroem seus *ninhos* com gravetos até ao teto tentando impedir seus filhos de *voarem* para protegê-los dos perigos do mundo. Ao contrário disso, ser bons pais é preparar os filhos para os desafios da vida, ensiná-los a voar com segurança e cuidado, mas nunca deixar de ousar novas conquistas.

Quando os pais sentirem que seus filhos já são adultos responsáveis, capazes de resolver suas questões pessoais, eles cumpriram a grande e maravilhosa missão de serem pais. Abandonar o ninho será necessário para que os pais possam voltar a viver e talvez, quem sabe, se prepararem para uma próxima *ninhada*.

15 Escravos modernos

Apesar de a escravidão já ter acabado há mais de cem anos no Brasil é possível perceber que sempre a sociedade cria de alguma maneira novos escravos. Valores e conceitos são elaborados ao longo dos anos e novas formas de relacionamentos são construídas.

Observando há alguns anos, quando eu ainda era criança, que os filhos tinham profundo respeito (e às vezes até medo) dos seus pais. O pai era sem sombra de dúvida a autoridade máxima na família, afinal, ele era o provedor, aquele que trazia o sustento para o lar. Ai de um filho resolvesse enfrentá-lo. O trabalho era o valor máximo, além, é claro, da formação religiosa dos seus filhos. Com todas as suas dificuldades, na maioria das vezes nossos pais construíram famílias saudáveis e respeitadas.

Hoje, com a educação dita moderna em que os filhos só chegam ao mercado de trabalho depois que formam na faculdade, é possível perceber que os pais são verdadeiros escravos dos seus filhos. Antes, os filhos ajudavam os pais nas despesas da casa. Hoje os pais ajudam até mesmo os filhos que já são casados.

Os pais modernos, acreditando que devem sempre suprir todas as necessidades dos seus reizinhos filhotes, não percebem que estão dificultando o crescimento emocional deles, gerando uma juventude imatura, insegura, preguiçosa e desinteressada pela vida, presas fáceis para amanhã se envolverem nas drogas e na delinquência.

Portanto, queridos pais, acordem para não se arrependerem mais tarde. Seus filhos precisam aprender a trabalhar, a serem responsáveis com seus compromissos, a ajudarem a fazer as tarefas domésticas e, por que não, ajudar financeiramente nas despesas da casa?

Pensem nisso, afinal, toda e qualquer espécie de escravidão deve ser banida da nossa cultura, inclusive a escravidão dos pais. Escreva sua Lei Áurea e liberte-se!

16 A arte de serem pais

Não me lembro de onde vi esta frase ou se é invenção da minha cabeça. De qualquer forma não importa a origem, mas, sim, o conteúdo que é passado para produzir uma reflexão capaz de promover mudanças significativas na nossa vida. Todos os pais gostariam de aprender esta grande arte de ser o responsável pela educação dos filhos.

Alguns acreditam que o segredo desta arte é fazer e dar tudo aquilo que os filhos pedem e precisam. Fazem um esforço enorme para não deixar faltar nada para os seus filhotes. Muitas vezes eles mesmos passam por privações de toda espécie com esse objetivo.

Outros, ao contrário, radicalizam e partem do pressuposto de que o melhor é abandoná-los à própria sorte, isentando-se de toda e qualquer responsabilidade no processo de educação dos seus filhos.

E, alguns poucos, entendem com maestria esta frase: *A arte de serem pais é tornar-se dispensável na vida dos filhos.* Assim, os pais vão ensinando aos seus filhos em cada etapa da vida, tendo a consciência de que quando chegar à idade adulta, seus filhos vão saírem do ninho em busca de outras aventuras. Esses pais não prendem seus filhos. Sabem que eles precisam *voar* com suas próprias *asas*.

No dia em que os pais perceberem que seus filhos se tornaram homens e mulheres de bem, responsáveis, de caráter e que contribuem para o enriquecimento do país sem a necessidade da presença dos pais, aí sim cumpriram a grande missão de educar.

Pensem nisto: que tipo de pais estão sendo?

17 Nunca desistam dos seus filhos

Se você desistir, quem vai lutar por eles? Quando os nossos filhos apresentam sintomas de ansiedade ou outro comportamento prejudicial, é comum os pais partirem para ofensas e críticas, agravando ainda mais a situação. É preciso compreender que uma criança, um adolescente e até mesmo o jovem é um ser humano em formação. Eles não possuem a mesma maturidade dos adultos. Seu discurso muitas vezes ainda é pobre de vocabulário sendo comum terem dificuldades de verbalizar o que estão sentindo, principalmente para os pais que normalmente não estão preparados para ouvir.

A ansiedade na juventude pode então se manifestar através de vários sintomas como agressividade, isolamento, tristeza, desinteresse pelo esporte e estudos, pichação, uso de roupas e costumes bizarros, delinquência, uso e abuso de álcool e outras drogas, etc.

Cabe aos pais ficarem atentos a esses sintomas, em seguida produzir um ambiente mais agradável dentro do lar e encontrar um espaço de escuta sem preconceitos e julgamentos. Para isso, na maioria das vezes os pais precisam buscar ajuda para eles mesmos em primeiro lugar. O que é comum os pais fazerem é encaminhar seus filhos para o psicólogo e/ou psiquiatra quando na verdade deveriam se tratar para terem melhores condições emocionais e técnicas para ajudá-los.

Portanto, nunca desistam dos seus filhos e de vocês mesmos!

18 Deem carinho e afeto

O 12º princípio do Amor Exigente (AE) é o Amor. Esse movimento que surgiu nos anos 70 nos EUA tinha como objetivo a reestruturação da família como uma forma de ajudar os jovens com desvios de comportamento (delinquência, irresponsabilidades e uso de álcool e outras drogas). Os doze princípios propõem um processo de reflexão e mudanças de atitude dos pais e educadores visando ao enquadramento dos filhos às normas e disciplinas da família e da sociedade como um todo.

Um dos lemas do AE é: *Eu amo você, mas não concordo e não aceito o que você está fazendo.* Com isso o AE vem nos chamar a atenção da necessidade de demonstrar o tempo todo que o nosso amor é incondicional, isso não quer dizer que iremos aceitar qualquer tipo de abuso por parte do outro. O carinho e o afeto é uma necessidade de todo ser vivo. Eles são os mecanismos de demonstrar o nosso amor pelo outro. Infelizmente, são comuns hoje em dia os pais e as demais pessoas demonstrarem o amor através de bens materiais. Se bens materiais resolvessem as nossas carências afetivas, pessoas abastadas não teriam medo, depressão, ansiedade e tantos outros problemas emocionais.

Portanto, queridos pais, nada substituiu o contato físico, o beijo, o abraço, a atenção e as palavras de apreço e carinho. Pensem nisso!

19 Educação tecnológica

O mundo infestado pela tecnologia nos convida a uma reflexão muito séria: como educar nossos filhos diante de tantos recursos digitais? Não precisamos ser profissionais de saúde e da educação para perceber que se toda essa parafernália não for bem conduzida e orientada poderá nos levar ao caos.

É óbvio que entre os cadernos de matemática, física, história e tantas outras matérias ou uma conversa com os amigos no *facebook* ou no *whatsapp* a segunda opção é muito mais interessante. Os jogos de videogames, os filmes e vídeos são verdadeiras *armadilhas* emocionais, isso sem contar com as infinidades de opções de *sites* indesejados que nossas crianças e adolescentes têm tido acesso com tanta facilidade.

A situação se complica ainda mais quando os adultos que são os responsáveis por essas crianças também estão seduzidos pela tecnologia. Recentemente um adolescente de 13 anos me deu uma resposta bastante significativa a minha pergunta: *Sua mãe não está vendo o tamanho de suas unhas?* O garoto me respondeu: *minha mãe só vê o tal do whatsapp.*

Uma boa medida é fazer uma pequena autocrítica sobre o tempo de seu uso e dos seus filhos. Marque numa caderneta o tempo do início e do fim da conexão. Analise quanto tempo você perdeu nisso e se valeu a pena. A partir daí faça um esforço para diminuir a conexão tecnológica da família. Isso é educação tecnológica. Busque ajuda profissional se isso não funcionar.

20 Educação física

Recentemente, no vestiário da Academia Mergulho estava conversando com um colega de natação sobre a necessidade de ter pelo menos, uma miniacademia nas escolas como uma forma de estimular nossas crianças e adolescentes a cuidarem da sua saúde física e mental, quando meu caro colega me respondeu desta maneira:

– A sua ideia é ótima, mas infelizmente o que estou vendo na escola onde trabalho (ele é diretor de uma escola pública) é exatamente o contrário. O pouco que tem de educação física ainda na escola está acabando. O que resta é apenas o futebol para os meninos. Se o professor tomar a iniciativa de propor outra atividade física os alunos recusam a fazê-la. No caso das meninas ainda é mais grave. Viciadas nos seus celulares não fazem nada durante o horário da atividade física. A recusa é explícita. Já tentei proibir o uso desses aparelhos, mas, infelizmente, só tive problemas com os alunos, com os pais e com a secretaria da educação. Não sei mais o que fazer.

Resultados disso: crianças e adolescentes obesos, antissociais, egoístas e arrogantes. Baixo desempenho nas atividades educacionais, indisciplina, problemas precoces de saúde física e psíquica e o aumento do uso abusivo de álcool e outras drogas.

Pense nisso senhores pais. A responsabilidade é nossa de formar os adultos do amanhã!

21 A semente e o solo

Assunto comum nos grupos de ajuda, nas discussões no meio acadêmico e até mesmo nas rodas de amigos e familiares é a questão da índole de um indivíduo. Muitos acreditam no famoso ditado *pau que nasce torto morre torto* e que se um sujeito tem tendência para coisa ruim nada vai impedi-lo de sê-lo. Outros acreditam que é o meio que faz o sujeito, ou seja, são aqueles adeptos da frase: *digas com quem andas que eu te direi quem és.*

Ao longo da minha vida sempre fiquei divagando entre esses dois extremos até que um dia, ainda no meu tempo da juventude, me deparei com uma analogia que amenizou um pouco essa minha angústia. O autor compara o ser humano com uma semente. Uma semente de laranja jamais vai originar um jiló e vice-versa. Além disso, para essa semente virar uma árvore ela precisa ser colocada no silêncio de uma terra fértil, adubada e tratada.

Assim, a semente é a nossa índole e a terra é a sociedade, mais especificamente, a família. Dessa maneira, por melhor que seja uma semente se ela não for plantada em um solo promissor, jamais dará um bom fruto. O mesmo vale quando ocorre o contrário, ou seja, por melhor que seja o solo, se a semente não tiver qualidade não vai produzir bons frutos.

Reflexão profunda que precisaria de mais espaço para decifrá-la. Fica aí a dica para nossos leitores.

22 O que fazer com a preguiça?

Todos os pais em algum momento já pararam para pensar em relação à preguiça dos seus filhos e cônjuges. Não é raro o rótulo de preguiçoso ser colocado ainda lá na primeira infância. Ao longo do tempo isso vai se tornando uma realidade a tal ponto que é consenso entre todas as pessoas que convivem com o dito preguiçoso.

Ao longo da vida comecei a perceber que não existem pessoas preguiçosas, existem, sim, pessoas desmotivadas para determinadas coisas. Isso é fácil de perceber quando um jovem recusa a ajudar nos serviços domésticos e, quando vai organizar uma festa com seus colegas trabalha igual um *burro de carga*. Fica aqui uma pergunta que não quer calar: por que ele esta motivado para uma coisa e não para outras?

Várias explicações podem ser dadas, porém algumas para mim são claras:

1 O jovem não foi acostumado a fazer serviços domésticos. Na cabeça dele isso é obrigação dos pais, especialmente das mães. Ele aprendeu a ser servido pelos pais e, o pior, quem ensinou isso para eles foram os pais.

2 O jovem recebe influência da cultura do prazer sem medida. Trabalhar para ele é um fardo. Mas ficar

duas noites *viradas na balada* usando álcool e outras drogas sem dormir não é nenhum sacrifício. Pra que trabalhar se meus pais *financiam* minhas festas.

Diante dessa realidade cabe aos pais procurarem ajuda. Não adianta ficar reclamando e xingando os filhos. Devemos gastar nossas energias em busca da solução. Se a situação estiver fora do controle, um tratamento psicológico pode ajudar.

23 O que fazer com a desmotivação?

No texto anterior escrevemos sobre a preguiça, queixa comum dos pais em relação aos seus filhos. Citamos que não existem pessoas preguiçosas, mas sim pessoas desmotivadas para determinadas situações.

Diante disso fica uma questão: o que fazer com a desmotivação pela vida, especialmente da nossa juventude? Para responder a essa pergunta recorro a um ditado popular muito antigo que já foi tema deste jornal: *a necessidade que faz o sapo pular*. No linguajar da psicanálise é a cenoura dependurada em um galho amarrado no pescoço do coelho que faz o mesmo ficar motivado para pular, ou seja, o desejo por um objeto libidinal que alimenta nossa motivação de viver. Se perdermos isso, perdemos o sentido de estar vivo.

O que temos presenciado na maioria dos adolescentes e jovens é exatamente isto: uma geração que *perdeu a cenoura* e tem todas as necessidades materiais preenchidas pelos pais. Em outras palavras, o *sapo* não precisa pular. O que sobra então? A desmotivação e a busca desenfreada pelo prazer imediato, a depressão, a ansiedade e a preguiça. É importante perceber que os pais não conseguem com as coisas materiais preencher o vazio da alma dos seus filhos. O desejo intrínseco do ser humano de autorrealização, de ser útil e de ser valorizado fica em aberto.

A cobrança incisiva dos pais exigindo dos filhos mais responsabilidade nos estudos e no trabalho se contradiz com a permissividade da educação infantil e juvenil.

Assim, se quer criar motivação, gradativamente, vá deixando seus filhos serem responsáveis por assumir seus compromissos, inclusive de se manter. Com a necessidade, *o sapo vai pular e o coelho também.*

24 Herdeiro não é dono

Não sei quem ensinou isso, o que eu sei é que eles aprenderam. Estou escrevendo sobre a geração dos filhos de hoje. É fato recorrente no meu consultório o discurso dos filhos sobre a propriedade dos bens materiais da família. Frases como *não entre no meu quarto sem a minha autorização. Eu exijo privacidade. Esta casa também é minha, eu tenho meus direitos.* Já aconteceu o absurdo de escutar de um pai a seguinte frase. Em prantos ele me disse: *Doutor, o senhor acredita que meu filho me sugeriu passar todos os meus bens para o nome dele para não precisar fazer o inventário?*

Os nossos *reizinhos* possuem a convicção de que são *sócios* dos pais e, sendo assim, têm o direito de terem retiradas. E o pior de tudo isso é que os pais acreditam nessa história. Reféns dos seus filhos se submetem a todo e qualquer tipo de abuso.

Já passou da hora de esclarecer aos nossos filhos que eles são apenas herdeiros e não donos. Nem o próprio quarto não lhe pertence. Portanto, os pais têm o direito de entrar no quarto *deles* na hora que bem entenderem.

Juridicamente, os pais podem vender todo o patrimônio, gastar este dinheiro com o que quiser sem dar satisfação para seus filhos. Quem deve mandar numa casa é quem paga as contas. Alterar essa hierarquia é um verdadeiro desastre para a família, especialmente para a formação moral dos filhos.

Fica aí a dica: herdeiro não é dono.

25 A perda do ninho

Quem acompanha o meu trabalho como um todo sabe que gosto muito de buscar analogias na sábia natureza. Em vários textos já abordei esse tema e agora no meu canal do Youtube tenho falado sobre isso.

Quem já leu meu livro se deparou com texto intitulado *aprendendo com os pássaros*. Nele tento mostrar para os pais que, assim como a mãe passarinho deixa seus filhotes com fome quando já estão preparados para voar, nós também temos que fazer algo semelhante. Não dá para ficar sustentando seus filhos ao longo da idade adulta.

Da mesma forma a galinha com seus pintinhos não deixam os mesmos dormir debaixo dela depois que eles estão empenados. Enfim, vários exemplos nós podemos tirar da natureza, porém o que mais me chamou a atenção foi um fato que até então não tinha percebido e preciso compartilhar com meus leitores.

A mãe passarinho assim que os filhotes saem do ninho tem a sábia decisão de desmanchar o ninho. Não dá mais para seus filhotes voltarem para a casa da *mamãe*. Eles só têm uma alternativa: enfrentar o mundo.

Nas famílias codependentes, os pais tentam prender seus filhos o máximo possível dentro de casa. Quando seus filhos saem de casa, na esperança de um dia *o passarinho* voltar, eles mantêm o ninho intacto (o quarto dos seus filhos). Nas primeiras dificuldades da vida, o jovem pássaro retorna ao seu ninho maternal e por ali fica se escondendo do mundo por muito tempo.

Assim, psicologicamente, a perda do ninho (do quarto) é fundamental para que os voos rasantes dos nossos pássaros possam ser bem sucedidos, afinal, o ninho já não existe mais.

26 Educação sexual

Vários são os desafios para os pais e educadores modernos no processo de formação da ética e da moral dos nossos filhos e alunos. Dentre eles, sem sombra de dúvida, a educação sexual é o mais complexo e desafiador.

Uma sociedade sexualizada como a nossa, as crianças e pré-adolescentes já estão imersas a uma sensualidade sem igual na história da humanidade. Os meios de comunicação, especialmente a TV e a internet, são verdadeiras *máquinas* de propagação de uma sexualidade precoce, podendo acarretar danos à saúde psíquica e emocional já na tenra idade.

A TV, sem nenhum pudor, coloca no ar programas com conotação sexual em plena luz do dia. Se tudo isso não bastasse, temos ainda o acesso irrestrito das crianças e adolescentes a *sites* de conteúdo adulto (pornografia, violência e terror). Com um simples toque o mundo esta nas mãos das crianças e adolescentes sem nenhuma censura.

Os pais, muitas vezes atarefados com tantos compromissos e, com uma confiança excessiva nos seus filhos, se omitem nos controles de acesso tão necessários. A maioria deles negligencia a orientação sexual e transferem para a escola esta responsabilidade. A escola, da mesma maneira, transfere para os pais.

Assim, nossos jovens iniciam a vida sexual com poucas orientações sérias. Os riscos de pegar uma doença sexualmente transmissível (DSTs), uma gravidez indesejada é enorme, especialmente quando eles se envolvem com o álcool e as drogas.

Fica aí o alerta aos pais.

27 Geração flocos de neve

Recebi para uma entrevista com um especialista em treinamento e recrutamento de pessoal, Sidnei Oliveira. O entrevistado está defendendo uma teoria revolucionária na área de educação e no mercado de trabalho. Ao longo de muitos anos trabalhando nessas áreas ele começou a perceber que os jovens que estão chegando ao mercado de trabalho estão emocionalmente muito fragilizados. As empresas responsáveis pelos processos seletivos já constataram esse fenômeno. Selecionam hipoteticamente 50 candidatos para uma vaga. Fazem as entrevistas, testes psicológicos, provas técnicas, análises de currículos, etc. *Com muito custo nós conseguimos escolher um jovem que aparentemente possui o perfil para aquele cargo. Todo este processo envolve muitos profissionais sérios e competentes e é muito oneroso para a empresa.*

Em poucos meses, e às vezes alguns dias, recebemos a notícia de que o nosso selecionado desistiu do emprego ou mesmo o abandonou sem dar nem satisfação. Ficamos constrangidos e quando vamos verificar o motivo disso é simplesmente explicações banais como não gostei do serviço, não fui com a cara do chefe ou supervisor, etc.

Pesquisando esses fatos, eles chegaram à geração *Flocos de Neve*, uma geração bem informada, que domina o mundo digital, inteligente, saudável, bonita, mas vulnerável aos primeiros raios do sol. Assim como um floco de neve.

Uma geração virtual que não suporta o mundo real. Por causa disso que ele sustenta uma teoria de que a adolescência está se estendendo até aos 35 anos de idade em média. Uma geração que teve tudo fácil agora não suporta ir atrás do difícil.

Uma boa reflexão para todos nós.

28 O ECA atrapalha?

Fato recorrente nas conversas entre os pais e educadores é o argumento de que com o advento do ECA (Estatuto da Criança e Adolescentes) não está sendo possível educar os filhos e alunos. De maneira equivocada e confortável, muitos pais e educadores se escondem da responsabilidade de disciplinar seus educandos por trás do ECA.

Em momento algum o ECA retira o direito e o dever dos pais e educadores de educar seus filhos e alunos. O lugar da autoridade continua intacto. A única coisa que o ECA faz é tentar evitar os abusos extremos como espancamentos e maus tratos físicos e emocionais. Da mesma maneira, o ECA não proíbe as crianças e adolescentes a ajudar nos serviços domésticos, mas, sim, a evitar a exploração da mão de obra infantil.

Essa situação está tão crítica que as próprias crianças e adolescentes estão usando este argumento contra os próprios pais. Já se tornou comum a frase dita pelos pequenos: *Vou te denunciar no Conselho Tutelar.*

Por omissão ou medo, muitos pais e educadores se tornaram reféns de seus educandos acreditando nesses boatos, trazendo como consequências a perda da autoridade e referência, condição nefasta para nossas crianças e adolescentes.

Enfim, não podemos ser levados por essas informações desprovidas da verdade. O resgate da autoridade familiar e escolar é fundamental para o desenvolvimento psicossocial dos nossos educandos. Dessa maneira, é possível concluir que o ECA não atrapalha, mas, sim, pode ajudar na formação do caráter das futuras gerações.

29 Regras claras

Toda organização, inclusive a familiar, devem ter regras bem definidas de funcionamento. Todos devem ter suas tarefas bem claras. Na organização familiar quem deve elaborar estas regras são os pais. Para isto é fundamental o casal estabelecer o hábito de conversar periodicamente sobre os objetivos a serem alcançados pela família. Estabelecer metas imediatas, curto, médio e longo prazo com a participação dos filhos é fundamental para garantir uma unidade do grupo familiar e influenciar positivamente no desempenho escolar e profissional de todos os membros da família.

Na bandeira do Brasil está escrito ORDEM E PROGRESSO. Não chegaremos a lugar nenhum na desordem. Quem sabe para onde ir chega mais rápido. Os filhos precisam disso para construir seus objetivos e metas.

Caso os problemas já estejam fora de controle, é necessário buscar ajuda de um profissional de psicologia para auxiliar na resolução destes conflitos.

Regras claras e bem definidas. Direitos e deveres negociados. Sinônimos de sucesso e paz.

30 Em busca da autonomia

A arte de ser pais é tornar-se dispensável na vida dos filhos, ou seja, ter a certeza de saber que seus filhos estão prontos para enfrentar todas as turbulências do mundo.

Ser pais não é estar sempre protegendo os filhos, assumindo as responsabilidades destes. Pelo contrário, ser pais é ajudar seus filhos alcançarem a autonomia.

Normalmente, na nossa cultura, a mãe assume o papel de proteção dos filhos, enquanto que o pai possui uma preocupação de preparar os filhos para enfrentar a vida.

A criança, para se desenvolver de forma saudável, precisa dessa proteção e dessa preparação. Quando falta um desses pilares na educação, estaremos diante de um sujeito que pode manifestar distúrbios emocionais.

Na medida em que a criança vai alcançando a maturidade biológica e psíquica, ela busca sua autonomia. Muitas vezes os pais, na ânsia de proteção, impedem este desenvolvimento, produzindo adolescentes e jovens inseguros e tímidos, despreparados para enfrentar o mundo adulto.

Espero que vocês não cometam este erro, afinal, todos vão sofrer as consequências.

31 O elefante

Certa vez eu tive a oportunidade de assistir um filme na faculdade que me fez pensar bastante sobre o mundo moderno. Intitulado "O elefante", o filme nos mostra a realidade da juventude no mundo ocidental, especialmente a sociedade americana. Cenas monótonas, repetitivas e sem nenhuma criatividade e emoção perduram durante quase todo o filme.

Poucas palavras, poucos contatos físicos, cada jovem no seu mundo eletrônico (computador, videogame, piano, etc.). A amizade, o grupo dos iguais, o esporte coletivo, praticamente não existe em todo o filme.

A questão afetiva deixada em terceiro plano, os pais ausentes, frios e destituídos dos seus respectivos lugares. O diretor da escola, racional, pensando apenas nos seus interesses, não conseguia ouvir os seus alunos.

Tudo parado... Andarilhos pelos corredores da escola (sem vida, sem alegria...).

Nada acontecia no filme, somente uma monotonia fúnebre perpassa e insiste repetir a cada cena. Muitos colegas da faculdade não suportaram esta rotina do filme e foram embora, perdendo a riqueza dos detalhes evidenciados pelo diretor do filme: "O elefante".

"O elefante" de uma sociedade massificada pelo consumismo, pelo capitalismo que atropela o homem na sua dimensão mais profunda de ser: o afeto.

"O elefante" de uma sociedade pesada, lenta e que incomoda, que vai extinguindo a beleza da vida, o sorriso, o contato e o calor humano.

"O elefante" do egoísmo, do materialismo que vai afastando o ser humano do ser do ser humano, construindo "solitárias" nos nossos lares, escolas e cidades.

Sabe-se que nas penitenciárias, o pior castigo é a "solitária", onde o preso fica isolado do contato humano. Nas solitárias dos presídios é comum a angústia da solidão levar o preso a se torturar, a arrancar suas unhas e cortar sua pele, podendo levar até ao suicídio.

Será que não estamos construindo "solitárias" nos nossos lares na medida em que cada quarto tem sua TV, seu som, seu computador e o contato afetivo não está acontecendo?

Voltando ao nosso "elefante", o filme termina com dois jovens se rebelando contra esta "sociedade elefante" e entra na escola atirando em todos os colegas e funcionários...

O que mais nos assusta, não são as cenas de destruição, mas sim, a surpresa de saber que o filme é baseado em fatos reais...

Seria então esta "sociedade elefante" a responsável pelo crescimento da violência no mundo?

Talvez, lembrando que todos são responsáveis por esta violência na medida em que continuamos alimentando este sistema com nossas ambições pessoais, nossos egoísmos e nosso distanciamento dos nossos irmãos.

Resgatar os verdadeiros valores humanos como a solidariedade, a alegria, a companhia, o jogar conversa fora, o afeto, o passear de forma simples, a honestidade, o desejo...

Que sejamos humildes para reconhecer nossas falhas para construirmos um mundo mais humano com menos violência. Esta é a missão de todos. Faça a sua parte.

32 Qual o seu sonho?

No filme *Patch Adams: O amor é contagioso*, o personagem principal faz esta pergunta para seus pacientes que estão internados no hospital: Qual é o seu sonho? Todos os pais deveriam estar preocupados em ajudar seus filhos a encontrarem esta resposta. Ao descobrir o seu sonho ou, em outras palavras, o seu desejo, o filho tem todas as condições de se desenvolver em todos os aspectos da sua vida. O sonho leva à paixão e ao entusiasmo e, como consequência a criatividade, a determinação e competência aparecem. Um jovem envolvido por paixão em algo vai se sobressair diante de qualquer atividade, chegando assim ao sucesso.

Infelizmente, assistimos com frequência muitos pais tentarem realizar seus sonhos através dos filhos. Lembro-me de uma determinada época em que assisti a um programa de entrevistas de um jovem que, atendendo ao pedido do seu pai que era dono de uma clínica médica conceituada em São Paulo, foi para a faculdade fazer medicina. Depois de muita luta, na sua formatura, o jovem entregou seu diploma para o pai e nunca exerceu a profissão de médico. Nesta época, ele estava trabalhando em um circo internacional. Sua função: Diretor teatral dos palhaços do circo. O jovem médico que virou palhaço de circo, dizia: "Eu nasci para fazer as pessoas felizes, nada como tirar um sorriso no rosto de uma criança. No hospital lidava com a dor e a morte."

Com certeza, seu pai se decepcionou muito, mas com o tempo ele deve ter aceitado e percebido que nada melhor do que vê seu filho feliz.

Portanto, pais, pergunte sempre: "Qual é o seu sonho"? Isso vai fazer uma grande diferença na sua vida e na vida de todos.

33 Quatorze dicas para Controlar o uso da TV

1 Faça uma reunião com todos os familiares para pensarem juntos sobre como esta sendo o uso da TV por todos;

2 Estabeleça uma meta de redução semanal do tempo de permanência diante da TV de cada membro da família;

3 Procurem sempre que possível assistirem um só programa na mesma TV. Isto pelo menos ameniza o atual isolamento dos familiares;

4 Coloquem limites de horários de TV para todos durante a semana e nos finais de semana;

5 Obedeçam à indicação de idade dos programas. Evitem que menores assistem programas de adultos;

6 Troquem o lazer da TV por algo mais agradável como ir ao cinema, ao teatro ou mesmo à Igreja;

7 Programem sessões de "cinema" em casa utilizando à própria TV. Após o evento, abra um espaço de discussão sobre o filme;

8 Façam passeios e visitas a familiares e amigos

9 Comprem uma cota de um clube e frequentem sempre que possível;

10 Pratiquem um esporte de sua preferência nos horários que tinham costume de assistir TV;

11 Leiam um bom livro, um jornal;

12 Façam um curso; exercitem seu cérebro com atividades mais saudáveis;

13 Passe mais tempo com seus filhos. Monte um quebra-cabeça. Aprendam a jogar Xadrez;

14 Façam orações em casa com toda a família. Contem piadas. Deem boas risadas.

CAPÍTULO 3

FILHOS NA ADOLESCÊNCIA
E JUVENTUDE

1 Esvaziamento da angústia

Diante do sofrimento psíquico é importante pensar na possibilidade de encontrar alguém para viabilizar uma catarse, ou seja, um desabafo. O esvaziamento da angústia é o primeiro passo para uma possível superação dessa dor. Para tanto, é fundamental que este sujeito que vivencia essa dor emocional encontre alguém que seja seu ouvido, seu ombro amigo. Infelizmente, no mundo conturbado em que vivemos, poucos estão com esta disponibilidade da escuta. Por vários motivos, não é possível encontrar essa pessoa, restando então refugiar nos sintomas como a tristeza, o uso de álcool e outras drogas, jogos, TV, internet, doenças físicas e emocionais, etc. Amigos e parentes muitas vezes não estão preparados para ouvir esse sujeito, afinal, cada um já tem os seus problemas. Além disso, normalmente a família está envolvida afetivamente com esse sujeito que sofre, dificultando ainda mais a comunicação fundamental para a superação desse mal estar.

Essa situação se complica na relação pais e filhos. Portanto, é muitas vezes necessário buscar ajuda profissional para a solução desses conflitos. O envolvimento dos pais nesse processo terapêutico é importante para facilitar o diálogo e para provocar uma aproximação melhor com seus filhos. Pensem nisso!

2 Os Rodriguez

Um livro que marcou muito a minha vida se chama *Os Rodriguez* da autora Maria José Dupré. A história se passa numa pequena cidade do interior de Minas onde uma família tradicional, rica e com muita influência política manda naquele lugarejo. Ao longo da trama é possível verificar como os filhos do casal *Os Rodrigues* são envolvidos nesta ganância pelo poder e dinheiro.

Nas festas do socialite da região eles estavam sempre presentes e o luxo, a ostentação das suas riquezas eram o mais importante para eles. Seus filhos foram crescendo nesse ambiente e trouxeram para a idade adulta esses conceitos de vida. A exceção foi uma filha mais nova que, por ser muito feia, tanto os pais como os irmãos tinham vergonha de apresentarem-na para a sociedade. Assim ela foi encaminhada para estudar em um colégio interno na cidade grande. Lá ela se formou em *normalista*, ou seja, ela iria ser professora.

Com o passar dos anos, na medida em que os pais foram envelhecendo, os filhos começaram a consumir toda a fortuna da família Rodriguez. A relação deles com os pais idosos era apenas de explorá-los, retirando tudo deles. A ganância era tamanha que até as joias de estimação da mãe foram roubadas pelos próprios filhos. Somente a professora feia tinha cultivado valores mais nobres com a sua profissão. E foi exatamente ela que cuidou dos seus frágeis pais até o último suspiro deles.

Não seria isso o que tem acontecido hoje em dia?

3 O cuidado com a ética

Estamos vivendo um momento delicado da nossa política. Diante de tantos escândalos financeiros divulgados pela grande mídia e suas repercussões no seio da sociedade estamos correndo o risco de banalizar o roubo. As nossas crianças, adolescentes e jovens podem passar a olhar a corrupção como uma coisa normal em que todos fazem isso. Esse processo se agrava quando os próprios pais, de maneira revoltada e demonstrando indignação, exclamam com convicção: *todo mundo rouba*.

Nesse contexto precisamos resgatar o compromisso com a honestidade, com os princípios éticos e morais e passar através de atitudes e palavras esses valores para as gerações que estão se formando agora. O respeito e o cuidado com as instituições de formação do superego nunca foram tão importantes para preservar a vida comunitária. Se todos perderem esse foco estaremos perdido. A vida humana estará fadada ao fracasso.

O primeiro passo deve ser dado no seio da família, instituição responsável pela formação do caráter do ser humano. A família deve insistir com seus filhos que os princípios éticos do trabalho honesto, do respeito ao próximo são as maiores riquezas que um homem pode ter.

Reforçar a ideia de que a corrupção não compensa e que o enriquecimento ilícito não traz a paz e a felicidade é um cuidado que os pais devem passar para os seus filhos.

4 A melhor maneira de ajudar seus filhos

Todos os pais gostariam de ter essa resposta. Infelizmente nossos filhos não nascem com manual de instrução. É sabido também que cada ser humano é único. Não existe produção em série; portanto, cada filho tem suas particularidades. Assim o que foi feito na educação de um pode não funcionar na educação do outro.

Diante dessa realidade uma regra geral de educação de filhos seria exatamente levar em consideração essa diversidade do humano. Cada sujeito deve ser estudado nesta individualidade. Os pais devem sempre estar se perguntando como aquele filho interage com o mundo ao seu redor. Dessa maneira, eles devem estudar aquele sujeito, adaptando sua maneira de educar a essas particularidades.

Nesse sentido é muito importante para os pais estarem com suas questões emocionais e afetivas bem resolvidas. Caso contrário, seus problemas pessoais vão dificultar a interação deles com seus filhos. Como vamos escutar sem julgamentos se não estamos preparados para ouvir?

A pergunta então vai caminhando para outra pergunta fundamental: como me preparar para ajudar meus filhos?

O foco passa a ser a fragilidade dos pais. Sempre que um processo terapêutico com um filho caminha por essas trilhas é comum os pais mudar seus filhos de terapeuta.

Portanto, a resposta simples para uma pergunta tão complexa é: *a melhor maneira de ajudar seus filhos é ajudando seus pais, ou seja, a vocês mesmos.* Se conseguirem ser pessoas melhores, vocês terão condições de serem pais melhores. Para isso é essencial buscar ajuda, seja com literaturas específicas, grupos de apoio, religião e até mesmo ajuda profissional de psicólogos e às vezes até dos médicos.

5 Assuma o controle?

Recentemente, lendo um livro dos *pensadores* da política de redução de danos deparei-me com este subtítulo: Assuma o controle! Entre parênteses uma explicação: *(slogan da Associação Brasileira de Redutores de Danos)*. Este grupo contraria o princípio básico dos grupos anônimos (AA, NA, FA, etc.) que afirmam que não é possível para o dependente químico fazer o controle da droga, ou seja, o uso social da droga.

O primeiro passo é taxativo e direto: *admitimos que somos impotentes perante o álcool e as outras drogas e que perdemos o controle sobre as nossas vidas.* Os grupos anônimos já atuam há quase oitenta anos salvando vidas em todo o mundo. Alguns intelectuais desprezam essa experiência e acreditam que é possível a um adicto em diminuir o consumo da droga ou passar a consumir uma droga mais *leve*.

Assumir o controle sobre o que afinal? Um sábio já dizia: *o homem é tão autossuficiente que não sabe nem o que vai acontecer no próximo segundo da sua vida.* Muitos pais caem nesta *neura* de querer controlar a vida dos filhos. Como não conseguem isso, eles se frustram e os conflitos familiares são inevitáveis.

A saída então é o segundo passo do AA: *Viemos acreditar que existe um poder superior a nós capaz de devolver a nossa sanidade.* E o terceiro passo complementa: *Decidimos entregar nossa vontade e nossa vida aos cuidados de Deus, na forma em que o concebíamos.*

Fica aí a dica: entregue seus filhos aos cuidados deste poder superior, confia nele e ele tudo fará.

6 Coloquem limites

É muito comum os pais sempre virem reclamando dos seus filhos por causa da falta de limites deles sobre várias situações. Lembro-me do tempo em que eu tinha um comércio de material elétrico quando um cliente chegou à minha loja para comprar um chuveiro e reclamando que já não aguentava mais comprar tanto chuveiro. *De dois em dois meses o chuveiro lá de casa queima.* Sondei com ele que poderia ser um defeito na instalação, mas ele foi direto ao problema: Não é isso, é porque os meus filhos ficam cerca de 40 a 50 minutos tomando banho. Da mesma maneira fui objetivo no meu comentário: o problema então está no senhor que não coloca limites neles.

Surpreso, o senhor concordou comigo e a partir daí parei de vender chuveiros para este cliente com tanta frequência.

Esse exemplo serve para todas as situações da vida familiar. São os pais os responsáveis para colocar a disciplina e a ordem no lar. Excessos diversos como horas contínuas no computador, na TV, no vídeogame e de diversão são de responsabilidade dos pais e não das crianças, adolescentes e jovens. Abusos ao comer, beber e consumir drogas ilegais também.

Alguns pais alegam que seus filhos não lhes obedecem. Nesses casos, aconteceu que esses pais perderam a autoridade. Para recuperá-la é preciso buscar ajuda em grupos de apoio e muitas vezes um terapeuta.

É preciso entender que o único discurso que as pessoas escutam é o discurso da prática. Precisamos aprender a fazer em vez de só falar. Para isso é preciso se tratar.

Pensem nisso meus queridos pais.

7 Difícil a convivência? Procure ajuda profissional

Quando o dente dói não se procura um cardiologista. Quando a situação foge do controle é necessário ter a humildade de reconhecer que não temos condições de sozinhos resolvermos a situação.

Em se tratando de problema emocional nada mais lógico do que procurar um psicólogo ou até mesmo, em casos extremos, um psiquiatra. Infelizmente, a grande maioria da população tem muitos preconceitos em relação a essa ajuda. Acredita-se que esses profissionais só trabalham com portadores de sofrimentos mentais, popularmente conhecidos como loucos. Como consequência disso, é possível se deparar cada vez mais com pessoas sofrendo sem buscar ajuda. Os problemas emocionais, bem como qualquer outra doença física, tende sempre a se agravar quando não ocorre o devido tratamento.

A dificuldade de convivência entre pais e filhos é um bom exemplo disso. Os pais até insistem para que seus filhos busquem o tratamento psicológico, mas quando o profissional tenta envolver os pais no tratamento, a situação se complica. A negação dos pais é tamanha que muitos resolvem trocar de profissional. Essa ansiedade na juventude pode acarretar graves conflitos inclusive o consumo abusivo de álcool e de outras drogas.

Procurar ajuda ainda é a melhor saída. Pensem nisso!

8 Ouçam seus filhos

Uma maneira eficaz de diminuir a ansiedade dos filhos está no simples fato de ouvi-los. Esse ato de ouvir, porém, não é tão simples como parece. O primeiro passo para uma audição eficaz consiste no esvaziamento de si mesmo. É muito comum os pais irem conversar com seus filhos com receios de escutar o que realmente eles têm para falar. Para não escutar, os pais falam... falam... sem parar. São os famosos sermões que não servem para nada, ou melhor, servem para afastar ainda mais os filhos. Escutar, especialmente os filhos, é uma arte que deve ser desenvolvida. Os principais obstáculos para uma comunicação mais eficaz são:

1º) *Problemas pessoais mal resolvidos*: pais que estão nervosos, ansiosos ou deprimidos dificilmente conseguirão ouvir os filhos. Cabe a esses pais procurarem ajuda para seus problemas pessoais.

2º) *Preconceito:* pais presos a valores fixos são incapazes de produzir uma reflexão sobre a maneira que seus filhos olham o mundo. Assim eles preferem não ouvi-los e os conflitos são inevitáveis. A postura do poeta *eu prefiro ser esta metamorfose ambulante do que ter aquela velha opinião formada sobre tudo.* Seria bem mais interessante para o crescimento mútuo.

3º) *Falta de prioridade:* outros assuntos como o trabalho, os compromissos sociais, a vaidade, os meios eletrônicos são mais importantes do que ouvir seus filhos.

Resultado disso: um distanciamento cada vez maior dos filhos em relação aos seus pais, e, o óbvio, os conflitos serão inevitáveis. Vale a pena evitar.

9 Qual é o eixo?

Recentemente, participando de uma reunião ouvi de uma educadora algo que me chamou a atenção. Explicando para os pais sobre o que deve nortear o processo de educação dos filhos, seria qual o eixo dos valores dos pais. A partir daí todas as atitudes dos pais deveriam seguir essa orientação. Citando alguns exemplos ela pontuou o eixo de ser feliz, o eixo de ser rico e o eixo de ético.

No momento da reunião não falei nada e fiquei pensando sobre isso. Qual seria o eixo correto? Mais especificamente, qual seria o meu eixo? Instalou-se uma confusão na minha cabeça como pai e como profissional.

Ao escolher o tema para esta coluna minha mente não saiu deste eixo: qual seria o eixo. De tanto pensar nisso uma luz apareceu no fundo do túnel. Lembrei-me das parábolas dos talentos que consta na Bíblia e, de forma direta, cheguei a uma simples conclusão: o eixo da educação seria ajudar nossos filhos a descobrir quais são seus talentos e facilitá-lo a colocar os mesmos em benefício do próximo e da humanidade.

Todo o resto será uma consequência disto: a ética, o ser feliz, o prosperar e tantos outros são filhos deste talento ofertado por nosso Criador. Com certeza este é um bom eixo para nortear o nosso processo de educação.

10 O foco

Uma entrevista que me marcou muito nas paraolimpíadas foi a de uma jovem atleta portadora de necessidades especiais. Segundo a reportagem, a jovem participou da última paraolimpíada como tenista de mesa tendo um desempenho razoável sem muito destaque na mídia, afinal, a grande imprensa e a sociedade em geral valorizam apenas os campeões. Assentada em sua cadeira de rodas, ela treinou tanto que, mesmo com escassos recursos, conseguiu representar o Brasil contra os melhores tenistas de mesa do mundo.

O que mais me chamou a atenção na reportagem é que logo depois desta competição, ela foi vítima de um câncer de tireoide e o médico a proibiu de continuar praticando o tênis de mesa por causa dos movimentos bruscos dos braços e ombros. Quando tudo indicava que ela ia desistir, esta verdadeira campeã mudou de modalidade e com apenas um ano de treinamento no arco e flecha ela conseguiu se classificar novamente para as paraolimpíadas e alcançando um honroso lugar da sétima melhor do mundo. Sua frase no final da entrevista foi marcante: *nós podemos mudar o caminho, mas jamais o foco. Vou ser uma medalhista olímpica daqui a quatro anos. Vou treinar muito para isso.*

Uma boa lição para os pais aprenderem e ensinar aos seus filhos: definir o foco!

11 Desapega!

De todas as propagandas que tenho visto na TV sem sombra de dúvida esta em que mostra a importância do desapego para a nossa vida é a mais criativa e por que não dizer a mais educativa. Apesar de o foco ser voltada para as coisas materiais, é possível produzir uma reflexão sobre a importância desse princípio para as nossas relações afetivas. A nossa saúde psíquica e por que não dizer física depende dessa nossa capacidade de construir este distanciamento emocional dos nossos familiares. O apego emocional desgasta as relações afetivas, produzindo conflitos, brigas, mágoas e ressentimentos.

Desesperados, o portador desse sofrimento psíquico utiliza todas as suas armas para manter seu *objeto* de amor sobre o seu suposto controle. Manipulações, crises de ciúmes, vigilância constante, desconfianças sem fundamentos, cobranças exageradas, chantagens emocionais, etc., são recursos infantis para manter próximo de mim este outro dito *tão amado*.

É importante entender que o verdadeiro amor é incondicional, liberta a si mesmo e liberta o outro para que ele possa viver suas experiências e sofra também suas consequências. Desde criança, os pais devem possuir a sensibilidade de perceber que seus filhos não são seus objetos de estimação. Que seus filhos não são seus. Se fossem eles não adoeceriam, não faziam escolhas que nos contrariam e jamais morreriam antes de nós. Acreditar que eles são nossos é como acreditar que a água é filha da torneira. Somos apenas os responsáveis para prepará-los para o grande desafio de aprender a viver de maneira honesta e responsável.

Portanto, meu querido pai, desapegar-se é amar verdadeiramente, é confiar no potencial dos seus filhos em superar suas próprias dificuldades. É aprender a ser livre e libertar o outro de sua escravidão. Então, desapega, desapega, desapega e ame mais e seja mais feliz.

12 Formação moral e religiosa

Esta é uma boa dica para os pais lidarem melhor com a ansiedade dos jovens. Em todos os tempos da história do homem é possível perceber sua necessidade de encontrar um sentido para a sua existência no conceito de um Deus, ser supremo de inteligência superior.

Infelizmente, no mundo atual, a formação moral e religiosa tem sido negligenciada na maioria das vezes. A formação valorizada é a técnica e profissional. O conhecimento científico se sobrepõe aos valores humanos. O ser bem sucedido e reconhecido pela sociedade é aquele que tem dinheiro e bens materiais. O *bom partido* para os pais passou a ser não aquele homem ou mulher honesto e trabalhador, mas sim, o rico sem muitas vezes questionar quais foram os meios desse enriquecimento.

Como consequência disso, encontramos adolescentes e jovens ansiosos querendo adquirir riquezas sem estarem preparados moralmente e espiritualmente para adquiri-la. Conseguindo ou não este *status* de bem sucedido, a ansiedade pode levar o jovem à ganância e a atitudes não éticas, comprometendo seu presente e seu futuro.

Portanto, os princípios morais e religiosos de Jesus nunca se tornaram tão necessários como nos dias de hoje. A filosofia *Buscai primeiro o Reino de Deus e tudo o mais lhe será acrescentado* é a base desta formação moral e religiosa. Pense nisso meus queridos pais.

13 Fazendo amizades

O movimento intitulado Amor Exigente orienta os pais a procurarem não só conhecer os pais dos amigos dos nossos filhos, como também construir laços de amizade para com eles. Isso é importante para os pais traçarem estratégias de enfrentamento dos problemas da juventude como depressão, ansiedade, indisciplina, irresponsabilidade, o uso de drogas e tantos outros.

Foi exatamente assim que começou o movimento do AE. Um grupo de pais dos amigos que começaram a se reunir semanalmente para discutir e solucionar problemas com seus filhos, mais especificamente, o problema do abuso de drogas.

Lembro-me certa vez, nas reuniões de familiares na Família de Caná, de uma senhora que morava em conjunto habitacional e se deparava com o seu filho usando drogas. Com vergonha, a mãe tentava esconder de todos esse problema tão grave. Na reunião ela foi orientada a procurar uma vizinha de maior confiança para ter um ponto de apoio nos momentos difíceis. Assim ela fez, e para surpresa dela, a vizinha teve a seguinte reação: *O quê, o seu também?*

A partir daí, elas e outras vizinhas passaram a frequentar as reuniões do Caná, afinal, seus filhos estavam usando drogas juntos e os pais, por vergonha e orgulho, escondendo uns dos outros. Vá à luta! Mas não lutem sozinhos.

14 Depressão na juventude?

Sim, esse fato é mais comum do que imaginamos. Evidentemente, esses sintomas se manifestam de maneira bem diferente do que na idade adulta.

O isolamento social ou mesmo o excesso de atividades podem ser alguns sintomas dessa depressão. As mudanças bruscas do corpo, as responsabilidades dos estudos, do trabalho, da aquisição de bens materiais e a conquista do seu objeto de amor podem acarretar esse transtorno chamado depressão.

O isolamento seria uma maneira de evitar esse contato com o mundo real carregado de tantas exigências. O excesso de atividades pode ser uma maneira de não pensar em si mesmo e nas suas questões pessoais.

Cabe aos adultos que convivem com esses jovens a habilidade de perceberem essas mudanças de comportamento. Detectado o problema é necessário ir à busca da solução.

Uma boa dica é tentar uma aproximação amigável com ele, procurando sempre manter uma disposição para escuta e diálogo.

Se essa dica não for o suficiente, talvez seja preciso uma ajuda psicológica, tanto para o jovem como para os familiares adultos.

Não adie a busca do tratamento. Isso pode complicar ainda mais a situação do jovem.

15 Trabalho ou emprego?

Um jovem desempregado foi pedir orientação com um mestre. Após um rosário de lamentações, o mestre disse ao jovem:

– *O seu problema é que você está procurando emprego, não trabalho. Procure fazer o contrário. Procure ser útil ao próximo através do trabalho.*

Aquelas palavras tocaram na sua alma. Ao sair daquele recinto, deparou-se com uma senhora que estava varrendo a calçada. O jovem prontificou a ajudá-la apenas pelo ajudar. A senhora muito agradecida ficou sensibilizada daquele jovem e perguntou para ele se ele poderia ajudá-la a cuidar do jardim da sua casa. Ele aceitou. Ela perguntou qual seria o custo. Ele respondeu:

– Um prato de comida.

No almoço, o marido dessa senhora ficou encantado como o jardim que estava bem cuidado. Convidou-o para cuidar do sítio. Imediatamente esse jovem encontrou trabalho e moradia, além de arrumar um emprego.

Esse fato aconteceu no Japão. Não é apenas uma historinha.

Pense nisto: você está à procura de trabalho ou de emprego?

16 O trabalho em equipe

Recentemente, assisti a uma entrevista na TV de uma especialista em recursos humanos de uma grande empresa. O tema abordado era os desafios destas empresas em recrutar mão-de-obra qualificada para ocupar os cargos disponíveis nas grandes corporações. A entrevista transcorria sem muitas novidades. Os assuntos tradicionais como a importância da formação profissional, o desenvolvimento de habilidades técnicas e a necessidade de uma experiência nas áreas específicas não apresentava nenhum fato novo.

Num determinado momento a repórter faz uma pergunta direta: *qual é o maior desafio das grandes corporações em relação aos recursos humanos?*. A entrevistada respondeu: *o nosso maior desafio não é a competência técnica e a formação acadêmica do nosso trabalhador. A grande questão em relação à mão-de-obra está na dificuldade dos jovens que estão entrando no mercado em trabalhar em equipe. Esta é uma geração egocêntrica e egoísta em que somente os seus interesses são levados em consideração.* Surpresa com a resposta, a repórter indagou: *onde esta a causa deste problema?* A resposta foi direta: *a causa está nas famílias pequenas de hoje. Os jovens modernos não aprenderam a dividir as coisas com os outros. No passado, muitos irmãos aprenderam a conviver e a resolver conflitos desde a tenra infância. E o mais grave disso tudo é que este problema não se resolve com um curso de relações humanas.*

Boa reflexão para os pais ditos modernos!

17 A firma

Não tem muito tempo que ao atender um adolescente no meu consultório me surpreendi com um comentário do meu paciente. No meio da sua fala ele solta algo inusitado:

– *Doutor, eu tenho que me virar porque afinal a firma lá em casa tá falindo.*

Sem entender direito esta fala, eu perguntei:

– *Não estou entendendo. Seus pais são donos de uma firma?*

Ele deu um sorriso e esclareceu:

– *Não doutor, não é isso. A firma que falo é os meus pais. Eles já estão idosos e aposentados. A cada dia seus rendimentos são menores e a capacidade dos mesmos ir à busca de novos ganhos se torna cada vez menor. Então eu brinco que eles estão falindo.*

Brincadeiras à parte, esta é uma realidade cruel. Nossos pais estão *falindo* no sentido produtivo de uma sociedade capitalista, porém não podemos esquecer que eles acumulam muitas experiências de vida com vitórias e histórias de superação.

Outro aspecto importante a ser ressaltado é que essa leitura desse jovem tem um sentido interessante. Ele está tomando consciência que tem que assumir a responsabilidade sobre sua vida e que não pode entrar na idade adulta dependente emocional e financeiramente dos seus pais.

Trabalhamos isso na sessão e aproveitei a oportunidade para avançar ainda mais nesta reflexão no sentido de que além de construir sua própria *firma*, ou seja, a sua independência, ele deveria também pensar nos cuidados que os pais vão precisar num futuro não muito distante.

O jovem entendeu o recado. Espero que consiga sucesso na sua empreitada.

18 Operação *Casca de Ovo*

Certa vez, atendendo a um garoto de 15 anos no meu consultório, aconteceu algo inusitado. Angustiado com seus problemas naturais da adolescência, o jovem discorria sobre as suas dificuldades de relacionamento com seus pais. Sua queixa principal era as brigas frequentes do casal e o controle excessivo que os pais faziam sobre suas atividades. Desesperado, tentava apaziguar o conflito do casal e procurava se adaptar às exigências dos pais. Porém o sofrimento psíquico deste garoto era enorme.

Após uma longa escuta que tomou o tempo das primeiras consultas, tinha chegado o momento da intervenção terapêutica. De maneira intuitiva, tentei demonstrar para o meu cliente que ele não tinha maturidade suficiente para atenuar os conflitos conjugais dos pais e que, a melhor saída seria a neutralidade. Com facilidade, o meu paciente entendeu a orientação e em pouco tempo este peso saiu das suas costas.

Restava então a outra queixa: o controle excessivo dos pais. De maneira intuitiva saiu a analogia *operação casca de ovo*. Um pintinho quando está preparado para sair do ovo toma a providência de começar a quebrar sua casca. Isso tem que ser uma conquista dele e não da galinha. Quem tem que ter a força para quebrar a casca é o pintinho. Da mesma maneira, o adolescente tem que romper essa casca de superproteção dos pais, não com a rebeldia e atos ilícitos e violentos, mas, sim, movimentos em busca de uma independência emocional e financeira. Cabe aos pais entenderem esse processo e não impedirem esse desenvolvimento.

Fica aí a dica!

19 Devo ou não pagar as dívidas do meu filho?

Uma das maiores preocupações que os familiares de um dependente químico possuem é encontrar uma resposta para essa pergunta. O dilema entre pagar ou não pagar uma dívida contraída no consumo abusivo de drogas por um ente querido é assustador. O medo e a preocupação com esta dívida estão na possibilidade do ente querido perder a vida por causa dela.

Assim, na maioria dos casos, a família que não esta se tratando continua pagando os compromissos do dependente. O famoso discurso *esta será a última vez* ou *estarei te emprestando o dinheiro e você vai me pagar quando estiver trabalhando* é comum nesta fase. Infelizmente essa postura não vai resolver o problema. Pelo contrário, ele cada vez mais vai se agravar por alguns motivos:

1 Você está ensinando seu dependente a fazer mais dívidas, afinal, você paga;
2 Você está ensinando a quem vende fiado para ele que pode continuar vendendo. O pagamento é certeiro;
3 Você está demonstrando para seu dependente a sua fragilidade emocional.

Diante disso, vão aqui algumas dicas:

a) Avise de imediato ao seu dependente que não vai mais pagar nenhuma dívida dele. Deixe claro que elas serão de responsabilidade dele;
b) Se ele já estiver devendo, não pague. Assim você estará precipitando a crise na vida dele, abrindo a possibilidade do tratamento;
c) Deixe claro para ele que seus recursos financeiros estarão destinados ao tratamento e não ao financiamento da droga;
d) O argumento que *se não pagar o credor vai me matar* na maioria das vezes não é verdade. E mesmo se for verdade é uma excelente oportunidade de pressioná-lo para o tratamento.

Assim, pagar as dívidas não resolve o problema. Só adia a solução, levando a família à falência financeira e emocional. Quando acontecer isso ele vai começar a roubar dentro de casa e depois lá fora, cometendo assim esses desvios de comportamento tão temidos pela família.

Para conseguir fazer isso é fundamental que a família busque ajuda profissional com psicólogos especializados e grupos de apoio, mesmo quando o dependente não aceita ajuda.

20 Meu filho usa drogas e não quer parar. O que fazer?

A família precisa entender que nem todos os usuários vão se tornar dependentes de drogas. Muitos conseguem usar as drogas por muitos anos sem comprometer de maneira significativa sua vida pessoal, profissional e social. Assim, podem acontecer casos que o uso da droga não é um problema grave. Com o amadurecimento dos anos estes jovens vão largar as drogas ou usá-las de maneira eventual.

Colocado essa ressalva, se o seu filho está fazendo uso de maneira que incomoda e prejudica a todos esses aspectos da sua vida, estamos diante de um dependente químico, o chamado adicto. Nesse caso, temos que levar em conta algumas considerações:

1 O dependente químico só vai aceitar o tratamento se ele chegar ao seu fundo do poço. Enquanto ele tiver mordomias e pessoas socorrendo-o nos momentos difíceis ele vai continuar buscando a próxima dose;

2 Sendo assim, a família deve cortar essas mordomias e parar de socorrer o dependente químico. Deixar a *batata quente* na mão dele é a única forma de gerar uma crise em sua vida que o motive a buscar ajuda;

3 Os familiares para conseguir fazer isso terão que se envolver no tratamento buscando ajuda nos grupos de apoio e com psicólogos especializados. Eles precisam compreender que são portadores de uma doença chamada *Codependência*, ou seja, eles são coautores da dependência do outro.

4 Ao tratar da codependência, a família consegue forças para colocar os limites e se necessário o confronto, gerando assim uma crise na vida do dependente;

5 Retirando as mordomias, suspender os socorros, colocar os limites e confrontos são extremamente eficazes para gerar uma demanda de tratamento do dependente.

A proteção familiar codependente só consegue adiar o fundo do poço, aumentando ainda mais o sofrimento de todos, inclusive do próprio dependente. Levantar-se do fundo do poço, apesar de possuir riscos, é mais eficaz e menos doloroso para todos. Vale a pena tentar.

21 E os filhos saíram de casa... E o *ninho* ficou vazio

Aqui a situação complica ainda mais. Os filhos saíram de casa. Nossos pais enfrentaram esta realidade num contexto bem mais tranquilo do que a nossa geração. Seus filhos mudavam do interior para a capital. À distância normalmente eram poucas horas de viagem de ônibus e seus amados sempre retornavam à casa dos pais nos feriados e em datas festivas.

CAPÍTULO 3
FILHOS NA ADOLESCÊNCIA E JUVENTUDE | 121

Hoje o que assistimos é os filhos partirem para outros estados, países e até mesmo continentes. A distância são milhares de quilômetros e o tempo da separação é de meses ou até mesmo de anos.

Outro agravante: Nossos pais já preparavam seus filhos para uma independência financeira e emocional. Desde criança, seus filhos eram encaminhados para o trabalho e para as responsabilidades do mundo adulto. A faculdade vinha depois (quando vinha). Assim, a saída do lar era menos traumática, mesmo porque naquele tempo, a família normalmente era constituída de muitos irmãos e sempre os mais novos iam ficando no lar sem deixar o ninho totalmente vazio.

A situação hoje é mais complexa. Além das famílias serem menores, as crianças e adolescentes na maioria das vezes só estuda e mantém a sua dependência emocional e financeira até depois da faculdade. Chegam à idade adulta com a imaturidade dos adolescentes. O vinculo e o apego emocional é enorme com os pais podendo provocar uma separação muito dolorosa e às vezes fracassada.

Os pais cobram uma responsabilidade dos seus filhos adultos que não conseguem responder as expectativas dos mesmos. Conflito! Muitos conflitos são as consequências deste fenômeno.

22 O ninho vazio

No texto anterior, refletimos sobre os filhos saindo de casa sem muitas vezes o preparo dos tempos antigos.

Daí surge à depressão e a ansiedade na adolescência e na juventude, os problemas financeiros, o abuso de drogas e do sexo e de tantos outros desvios de comportamento.

Do outro lado do problema se encontra os pais. Muitas das vezes também despreparados para romper com os vínculos afetivos com seus filhos que saíram de casa, passam a sofrer daquilo que nós, psicólogos denominamos a Síndrome do Ninho Vazio. Para simplificar seria aquela sensação de que não valeu a pena tanto sacrifício para educar meus filhos. Afinal, eles me abandonaram.

Ao saírem de casa, os filhos deixam uma grande lacuna na vida dos pais: E agora? O que eu vou fazer se não tenho ninguém para eu cuidar? O sentido da minha vida foi embora com meus filhos. O que restou foi apenas o meu(minha) companheiro(a).

Todos os bens materiais, os estudos, os sacrifícios pessoais para não deixar faltar para os meus filhos não valeram nada. Estou só perdido nesta casa tão grande e sem vida. Muitos casais nesta fase da vida começam a terem sérios conflitos conjugais podendo levar à separação. Outros caem num profundo processo de depressão que pode provocar várias doenças psicossomáticas, até mesmo como uma forma inconsciente de chamar a atenção dos filhos.

Os pais olham para trás e percebem que deixaram de fazer muitas coisas por causa dos filhos e que agora é tarde para fazer tudo isto. Esta situação se complica ainda mais sabendo que a expectativa de vida hoje aumentou consideravelmente em relação ao tempo dos nossos pais.

O que fazer com estes tantos anos da melhor idade? Como estabelecer novos vínculos com nossos filhos distantes?

23 Transtorno de ansiedade na juventude?

Aqui o assunto é a ansiedade. Enquanto a depressão está relacionada com o passado, a ansiedade tem haver com o futuro. Neste sentido é possível perceber que a ansiedade é mais comum na juventude do que a depressão. Como o jovem ainda tem um conteúdo de passado menor e muita expectativa quanto ao seu futuro, o seu sofrimento predominante é a ansiedade. A ânsia de aproveitar a vida aliada muitas vezes a uma infância e adolescência sem muitos limites conduz o jovem a uma necessidade exacerbada de "curtir" a vida. Assim, movidos por uma busca de prazer imediato, muitas vezes eles atropelam todos, gerando conflitos com os adultos que convivem com eles.

Além da necessidade de lazer e muita diversão, o jovem vive um momento de grandes decisões que geram muita ansiedade. As provas escolares, o vestibular, a escolha profissional, o trabalho, a conquista dos bens de consumo, a experiência do convívio afetivo com o sexo oposto e a decisão de usar ou não as drogas são verdadeiros desafios nesta fase.

Portanto, a fase da adolescência e da juventude não é só flores, pelo contrário, muitos espinhos atormentam a cabeça da garotada. Como consequência, os pais e demais adultos que convivem com eles devem se preparar para ajudá-los da melhor maneira possível.

Vão aqui algumas dicas:

1 Leia bons livros sobre a juventude;
2 Procure participar sempre que possível dos momentos de diversão do seu filho com seus amigos;

3 Faça amizade com os pais dos amigos dos seus filhos;
4 Não negligencie a formação moral e religiosa;
5 Dê bons exemplos;
6 Ouça-o sempre;
7 Se tiver difícil a convivência, procure ajuda profissional para você e para ele;
8 Coloque limites. Diga "não" para ele sempre que for necessário;
9 Dê afeto e carinho;
10 Nunca desista!

24 Ler um bom livro sobre a juventude

Neste texto vamos abordar o tema "transtorno de ansiedade na juventude". Escrevendo sobre algumas dicas de como lidar com este problema e apontar para uma possível solução. Dentre elas, a primeira é a de *ler um bom livro sobre a juventude*.

Infelizmente, não existem escolas para pais. A maioria deles se depara com seus "meninos" que já são adolescentes e jovens e poucos sabem sobre esta fase da vida. Sua experiência pessoal na maioria das vezes está muito distante e seu conhecimento teórico é ínfimo. A tendência, com raríssimas exceções, é dos pais continuarem repetindo o comportamento ao longo da infância, causando uma série de transtornos para o desenvolvimento do jovem, dentre eles, a ansiedade.

Os livros podem ajudar aos pais a entenderem as transformações que estão ocorrendo na vida dos seus filhos, os pais precisam se atualizar sempre. O mundo moderno exige isto de todos. Aquilo que os nossos pais fizeram quando nós estávamos na idade juvenil não são suficientes para os nossos filhos.

O *saber* pode diminuir a ansiedade dos pais. Esse fato vai afetar positivamente reduzindo a ansiedade dos adolescentes e jovens. Pense nisso e boa leitura.

25 Administrando a realidade

Num texto anterior escrevemos sobre como transformar nossos sonhos em realidade. Aqui iremos discorrer sobre a importância de administrar bem esta realidade.

Ao alcançar suas metas e seus objetivos é comum surgir um *vazio*, uma falta de sentido que pode levar ao quadro de depressão e de desânimo. O que fazer com este diploma tão almejado? O que fazer neste emprego? Neste casamento? Enfim, muitas perguntas pairam na cabeça das pessoas. Uma das explicações para este fenômeno é que nem sempre nossas expectativas em relação aos nossos objetivos são atendidas é inevitável então uma "pitada" de frustração ou mesmo uma profunda decepção.

Outro fator a ser considerado é muitas vezes o despreparo da pessoa em lidar com o sucesso ou com o fracasso. Ambas podem desestruturar emocionalmente o sujeito colocando em risco o futuro da pessoa.

Portanto, é essencial aos pais, teoricamente mais experientes, ajudar seus filhos a estarem sempre refletindo sobre suas metas e objetivos. Além de reavaliá-las periodicamente para construir novos sonhos, metas e objetivos.

CAPÍTULO 4

O FIM

E OS FILHOS CRESCERAM...
E AGORA?

Enfim, chegamos ao final na nossa grande missão de construir um ser humano íntegro para o mundo. Haverá momentos em que nós teremos a sensação de que valeram todos os sacrifícios, todas as brigas, todos os sorrisos e lágrimas. O nosso coração vai se encher de orgulho quando olharmos para os nossos filhos já adultos e constituindo agora suas famílias, suas carreiras profissionais e nos presenteando com lindos e maravilhosos netos. Porém, haverá momentos em que podemos sentir tristezas e decepções com aqueles filhos que se perderam pelo caminho. Que fracassaram nas suas escolhas e muitas vezes enveredaram pelos destinos amargos da dependência química e outras mazelas humanas.

Independente da real situação, o que importa é que demos o melhor de nós para que nossos filhos tivessem um futuro melhor. São tantas variáveis ao longo da vida que nada é passível de uma certeza absoluta. A vida é uma caixinha de surpresa. Ter filhos também. Mas a grande beleza da vida é exatamente esta incerteza.

Assim, as dicas aqui colocadas ao longo deste livro visa a mostrar caminhos, tirar algumas pedras, lançar uma luz nesta estrada e tampar os possíveis buracos ao longo da vida. Já dizia o mestre: *quem aprende com seus próprios erros é uma pessoa inteligente, mas aquele que aprende com o erro dos outros são verdadeiros sábios.*

Agora chegou a hora de curtir os netos... Bom... E isso é assunto para outro livro.

Deixo aqui mais algumas dicas para os pais:

1 Leia o livro *O Outro Lado Da Droga*
2 Visite e assine o nosso canal do YouTube: *Criart Vida: O Canal Da Sobriedade*
3 Visite o nosso site: jornalcriartvida.com.br
4 Contato com o autor:
   projetocriar@yahoo.com.br / (31) 4109-1192 / (31) 99206-2492
5 Acompanhe-nos nas redes sociais: (Instagram e facebook)
   @claudiomartinspsicologo /

Esta obra foi composta em fonte Palatino Linotype, corpo 10,5
e impressa em papel Pólen Bold 70g (miolo) e Supremo 250g (capa)
pela Gráfica Star7, em Belo Horizonte/MG.